AF897571

www.ingramcontent.com/pod-product-compliance
Lightning Source LLC
LaVergne TN
LVHW052137041026
849558LV00043B/567
9781778922183

پارسوا، صدای زن ایرانی

کتایون شیرزاد

* پارسوآ یعنی قره العین

سریال کتاب: P۲۵۴۵۱۱۰۲۷۴
عنوان: پارسوآ
زیرنویس اثر: صدای زن ایرانی
نویسنده: کتایون شیرزاد
ویراستار: مهری اسکویی
صفحه‌آرایی: نرگس تاج‌الدینی
نقاشی روی جلد: کتایون شیرزاد نام اثر بانوی خورشید
طراح جلد: محبوبه لعل‌پور
شابک: ISBN: ۹-۲۱۶-۷۷۸۹۲-۱-۹۷۸
موضوع:زندگینامه، دلنوشته، رواشناسی، خودشناسی
مشخصات کتاب: قطع رقعی، جلد مقوایی
تعداد صفحات: ۱۴۶
تاریخ نشر ادیشن فارسی: فوریه ۲۰۲۶
انتشارات در کانادا: انتشارات بین‌المللی کیدزوکادو

KIDSOCADO PUBLISHING HOUSE
VANCOUVER, CANADA

تلفن: ۸ ۷۲٤ ۳۳۳ (۸۲۳) ۱+
واتس آپ: ۷۲٤۸ ۳۳۳ (۲۳٦) ۱+
ایمیل: info@kidsocado.com
وب‌سایت: https://www.kidsocado.com

پارسوا سرود آغاز پارسوا

در آینه‌ی تاریخ، زنی برخاست،
با چشمانی از آتش و کلامی از نور.
سکوتِ قرون را شکست،
و حصارِ شریعت را به باد سپرد.
او بانگ زد:
«زن، راز آفرینش است،
نه سایه‌ای در حاشیه،
که خورشیدی در میانه‌ی آسمان.»
نامش هنوز،
چون نسیمی در جان می‌پیچد:
طاهره؛ قُرّةالعین.

این کتاب را تقدیم می‌کنم به خواهران و برادران عزیزم؛
و به همه‌ی آنان که در برابر بی‌عدالتی‌های فرزندپروری ایستاده‌اند،
و با جرأت و شهامت، برای شفای کودک درون خویش
و کاستن از سنگینیِ میراث شومی که ناآگاهانه بر دوششان نهاده شده است، گام بر می‌دارند.
آنها قهرمانان و پیشگامانی‌اند که
برای دگرگونی بنیادین خویشتن، خانواده،
و جامعه‌ای نوین و جهانی می‌کوشند.

کتایون شیرزاد

پارسوا

به نام آنکه جان و خرد را آفرید، و بر زبان بندگان، کلام آزادی و روشنایی را جاری ساخت.

«پارسوا» یک لقب است: نامی غیر از نام اصلی که برای توصیف، ستایش، نکوهش یا شهرت یک شخص، مکان یا چیز به کار می‌رود، مانند «شیر» برای جنگجوی شجاع.

«پارسوا» نام این دفتر است؛ و الهامش از بانویی برمی‌خیزد که تاریخ، او را به لقب جاویدان «طاهره قُرّةالعین» آراست. زنی که در طوفان خفقان، آتشی در خرمن سکوت افروخت؛ زنی که صدای رهایی را بر لب آورد و پرده از چهره‌ی حقیقت برداشت.

نخستین بار در کتابخانه‌ای در پاریس، بر صفحه‌ی کتابی که یک مستشار فرانسوی نگاشته بود، نام او را دیدم. نویسنده، دو سده پیش آوازه‌ی این زنِ بی‌باک را شنیده بود و به اشتیاق دیدار، رهسپار ایران شد؛ اما سرنوشت جز مرگ بی‌عدالتی رژیم آن زمان و نابه‌هنگامش را پیش روی او ننهاد. چنین بود که طاهره، حتی در غیاب، نیز دیدار را بدل به افسانه کرد.

فعالان جنبش زنان در سراسر جهان، او را الگوی خویش دانسته‌اند. ماریان هانیش[۱]، مادر رئیس جمهور اتریش و بنیادگذار جنبش نوین زنان، در سال ۱۹۲۵

Marianne Hainisch -1

گفت: «من الهام گام‌هایم را از زندگی طاهره گرفته‌ام.» در چشم بسیاری از پژوهشگران، او نخستین قهرمان برابری زن و مرد در ایران است.

اما هر آینه، تصویری دیگر از او نشان داد: برخی کشف حجابش را بانگ فمینیسم خواندند، و برخی دیگر، چون ریچارد فولتس، لوئیس بَک و گیتی نشاط، آن را نشانه‌ی رد شریعت دانستند. و باز، دنیس مک‌اوئن نوشت: «یکی از ژرف‌ترین ثمرات این جنبش، بهبود جایگاه زنان بود.»

به باور فرزانه میلانی، طاهره قُرّةالعین، مرزهای تنگی را که اجتماع بر گرد زنان کشیده بود در هم شکست. دغدغه‌هایش هر چند الهیاتی بود، اما خواستارش این بود که: «زن حق اندیشیدن دارد، زن حق سخن گفتن دارد و صدای زن باید در میدان عمومی طنین بیفکند.»

او در روزگاری زیست که هنوز اندیشه‌ی فمینیسم حتی در مخیله کسی نمی‌گنجید؛ امّا در هر دم و نگاه، تجسم آن جنبش بود. زندگی او قصیده‌ای بود از عصیان بر نقش‌های تحمیلی و هنجارهای دیرینه. او نه تنها دین مستقر، که کل ساختار مردسالار جامعه را به لرزه درآورد.

طاهره، تسلیم را به قیام بدل کرد، سکوت را به فریاد، و حجاب را به حضور. در کلامش آتشی بود، در نگاهش فروغ فردا، و در گام‌هایش شکستن زنجیرها.

و امروز، پس از دو قرن، شعله‌ی او همچنان فروزان است؛ چنان‌که در آمریکا سازمانی با نام «طاهره»، پرچم آزادی زنان و دختران را برافراشته نگاه داشته است.

او نه تنها زنِ زمان خویش، که پیام‌آور عصری نوین بود؛ آوازی که هنوز از ژرفای تاریخ می‌رسد و می‌گوید:

«زن، خلیفه‌ی زمین است؛ و صدای او، صدای خداوندگار آزادی.» ❤

پارسوا دو جلد در یک جلد

کتاب «پارسوا»، با عنوان «صدای زن ایرانی»، نخستین بار در سال ۱۹۹۸ نوشته شد. آن زمان همچون بذری بود که در خاک کاشته شد؛ بذری که ریشه در جان و تجربه‌ی زن ایرانی داشت. امروز، پس از بیست و هشت سال، دوباره به آن بازمی‌گردم؛ اما نه تنها برای چاپ دوباره، بلکه برای دمیدن روحی تازه در آن.

این‌بار، کلمات پاکیزه‌تر شده‌اند، لغزش‌ها زدوده شده، طراحی کتاب دگرگون گشته، و اطلاعات تازه‌ای به آن افزوده شده است. در حقیقت، این تجدید چاپ بازگشتی ساده به گذشته نیست، بلکه پیوندی است میان آنچه دیروز نوشته شد و آنچه امروز بر جان من روشن گشته است.

سال‌های میان این دو چاپ، برای من سال‌های رشد و آموختن بودند. تحقیق‌ها و تجربه‌های فراوان، دریچه‌های تازه‌ای به روی من گشودند و اندیشه‌ام را ژرف‌تر کردند. دریافتم که «صدا» هیچ‌گاه خاموش نمی‌شود؛ صدا چون رودخانه‌ای است که باید جاری بماند، باید مسیرهای تازه بیابد و در نهایت به دریایی بزرگ‌تر بپیوندد.

از همین‌رو، بر آن شدم جلد دوم «پارسوا» را نیز بنویسم و آن را در کنار جلد نخست بیاورم. این دو جلد، همچون دو شعله‌ی همزاد، نور خود را به یکدیگر می‌افزایند؛ نوری که هم گذشته را روشن می‌سازد و هم راه آینده را. این نور، پژواکی از امید و رهایی است؛ پژواکی از صدای زن ایرانی که همواره در تاریخ جاری خواهد ماند.

جلد اول کتاب «پارسوا» در سال ۱۹۹۸ نوشته شده و در سال ۱۹۹۹ به چاپ رسید؛ بعد از ۲۸ سال تصمیم گرفتم بازبینی و بازنگری انجام بدهم و جلد دوم را با آن ادغام کنم.

«از کبریا تا کبریا»، یادگار قلم زنده‌یاد قنبر یدالهی کبریا، با کسب اجازه از فرزندان نیک‌اندیشش؛ خانم عذرا، دکتر کاووس و خانم معصومه یدالهی کبریا، گوشه‌ای از باورها و روایت‌هایشان درباره‌ی پدر، برزو شیرزاد، بازتاب یافته است که به آن اشاره می کنم. ایشان از دوستان، فامیل و همراهان زندگی پدر هم بودند.

تقدیر

سپاس فراوان نثار همه عزیزانی که در نشر جلد اول این کتاب به من کمک کردند. از آقای دکتر کامبیز ابراهیمی به‌خاطر تشویق، از دکتر فریدون حقیقی و دکتر پیمان وهاب زاده به‌خاطر ویرایش متن صمیمانه سپاسگزارم.

مجموعه‌ای که در اختیار دارید؛ گزیده‌ای‌است از تاریخ معاصر زندگی. در انتخاب موضوع‌ها سعی کرده‌ام که روال روحی، عاطفی و فکری خود را با صداقت و با تکیه بر واقعیت‌ها بیان کنم. اما گاهی برای بیان حقیقت و حقانیت زندگی، لازم است که واقعیت‌ها را به‌گونه‌ای دیگر تصویر کشید.

دیباچه

در باغ اندیشه، گاهی نسیمی می‌وزد که از جانِ دوستان می‌آید؛ نسیمی که کلماتش نه تنها ستایش، که آینه‌ای از حقیقت وجود ماست.

آنچه در پی می‌آید، سروده و دل‌نوشته‌ای‌ست از دوستی ارجمند که در وصف کتایون ـ بانوی فرهیخته و نویسنده‌ی «پارسوا» ـ بر زبان آورده است؛ سخنی که نه صرفاً مدح، بلکه بازتابی از مهر، آگاهی و ارادت قلبی اوست.

سروده‌ای در ستایش کتایون:

یکی فرزانه، فرزندی ز مازن،
قدم بنهاده است در خانه‌ی من
ز رویش شد درخشان طاقِ ایوان،
ز نامش گلستان شد باغ و بستان.
کتایون، دختر ایران که با ماست،
نماد خرّمیِ امواجِ دریاست.
به هر موجی کتابی دارد از یار،
کند آثار ایزد در تو بیدار

کریمان شد ز رویش سبز و شاداب،
سرای من گرفته رنگ مهتاب.
زبانش راوی عشق است و امید،
نگاهش در نگاهم مهر جاوید.
هر آن‌کس دفتر و کِلک و قلم دارد،
به گیتی بذر بیداری بکارد.
مرا زان رو اسیر خویش دارد،
که مهر اندر ورق‌ها می‌نگارد.

و لیکن، دور از این خاکِ گُهربار،
چرا باید بماند مهرِ پرگار؟
تو را در انتظارم نقشِ باران،
بباری بر وطن، بر خاک ایران.

یادداشت شاعر

کتایون ارجمند و گرامی،
این کلمات فی‌البداهه از سر ارادت قلبی بر زبان آمد تا به پاسِ حضور بانویی وارسته و صاحب قلم باشد.
امید دارم که ذره‌ای از دریای بیکران معرفت و وارستگی‌ات را بیان کرده باشم.
شاید تنها اندک زمانی در دیدارت بودم،
اما همان لحظه‌ی کوتاه برای منِ بهاری سرشار از گل و طراوت بود،
که عطرش تا همیشه در جانم باقی است.
هر کس در جهت آگاهی بشر، جمله‌ای بنویسد،
میراث‌دار اندیشه و تعالی انسان است؛
و تو با تألیفات ماندگارت، جان‌بخش خلایق و سزاوار ستایش.
چشمی دارم همه پُر از صورت دوست،
با دیده مرا خوش است، چون دوست در اوست.
از دیده جدا شدن ز دوست نیکو نیست؛
یا دوست به جای دیده، یا دیده، خود اوست.

قربان شهابی

فهرست

جلد اول

شناخت.. ۱۵

همدلی.. ۲۱

آموزگاری.. ۳۱

خاطره.. ۳۹

اعتمادبه‌نفس.. ۵۱

جلد دوم

مقدمه.. ۷۱

رشد شناختی.. ۷۵

شناخت کهن‌الگوها.. ۷۷

گزارش اول - نقش پدر در اجتماع.. ۸۵

گزارش دوم - از «کبریا» تا «کبریا».. ۹۷

گزارش سوم - گزارش محلی.. ۱۰۳

بزرگداشت میراث کتایون شیرزاد.. ۱۰۶

اشعار سروده‌شده در پیوند با نویسنده.. ۱۰۸

تصاویر و عکس‌های شرکت‌کنندگان.. ۱۳۰

سپاس داری.. ۱۴۰

درباره نویسنده.. ۱۴۲

تصویری از دوران جوانی

کتایون شیرزاد

جلد اول

شناخت

واکنش‌هایی که شخص را به درک درست واقعیت قادر می‌سازند؛ با استفاده از فرآیندهای شناختی پدید می‌آیند. اشتباهات شناختی موجب پیدایش طرح واره‌های منفی می‌شوند که علیرغم وجود شواهد متضاد، همواره دوام می‌یابند. شناخت درست، مقدمه هر گونه تغییر و دگرگونی است و الگوهای رفتاری سالم با کشف رابطه صحیح بین تفکر، عواطف و شرایط پیرامونی شکل می‌گیرند.

«آرون بك»[1]

هوای بسیار ملایم و دلنشینی بود. غروب خورشید در آن‌سوی آب تلألؤ جذاب و خیره‌کننده‌ای داشت و آمیزش رنگ‌ها و بازی نور، لحظات ناب و فراموش نشدنی را به‌خاطر می‌آوردند.

زهره و کتایون با کوله‌باری از خاطره‌های تلخ و شیرین سال‌های دوستی و همدلی به آرامی در پارك قدم می‌زدند و درباره شناخت خود از تاریخ شخصی و زندگی خصوصی‌شان سخن می‌گفتند.

---

1. Aaron Back

کتایون گفت: «نگاه کن؛ چه رنگ‌های زیبایی، مرا به یاد رنگین‌کمان‌های آبشار نیاگارا می‌اندازد. من از آنجا خاطره‌های زیبایی دارم. اولین خاطره‌ام بهترینش بود. ولی بعد از آن هر بارکه با دوستان دیگری رفته‌ام؛ از آنجا خاطرات متفاوتی برایم باقی مانده است.»

زهره: «آره، راستی ما هیچ‌وقت باهم به آنجا نرفتیم.»

کتایون: «من جریان آب را واقعا دوست دارم. وقتی به آب نگاه می‌کنم بهتر می‌توانم به خودم و موقعیتی که در آن زندگی می‌کنم؛ فکر کنم. زلالی آب، شفافیت وخلوص آن را دوست دارم. انگار تمام زندگیم را مثل یك تصویر روشن و برجسته در آن می‌بینم. مرا به یاد بچگی‌هایم می‌اندازد و روابط خشن و عقب مانده‌ای که بر ما حاکم بود. بی‌عدالتی، زن ستیزی و ظلم.

پدرم متعلق به آن نظام فئودالی بود و خصوصیات آن نظام را تماماً از نظر الگوی رفتاری به ارث برده بود. نمونه کاملی از یك فئودال، با همان معیارها، طرز فکر و رفتار بود. بی‌عدالتی در نهاد خانواده الگویی بود که پدرم از روابط سنتی حاکم بر مالکین و کشاورزان در خود حفظ کرده بود.»

زهره: «راستی شما چند تا خواهر برادر هستید؟»

کتایون: «آنهایی که بر حسب تصادف زنده ماندند؛ ۱۳تا. تعدادی از خواهر برادرهایم در کودکی در اثر عدم سرپرستی مردند. خودت که می‌دانی این آخری هم خواهر بیست ساله‌ام فرشته در اثر تصادف از دنیا رفت. او به من خیلی نزدیك بود و من حضورش را هنوز به شکل‌های مختلف در کنارم احساس می‌کنم.»

زهره: «نمی‌توانم مجسم کنم این زن‌های بیچاره چه کشیده‌اند. چطور یك زن می‌تواند؛ همسرش را با دو نفر دیگر تقسیم کند؟»

کتایون: «وقتی زن حقوقی نداشته و یا حتی با مقدار ناچیز حقوق

جلد اول

کتایون: «من معتقدم که در جامعه ما، هیچ‌وقت روش‌های درست شناخت و درك سالم الگوهای رفتاری، آموزش داده نشد. در خانواده ما هرگز صحبت از دانش ارتباط جمعی و مهارت در تغییر شرایط و ایجاد روابط درست نبود. نظم مثبت خانواده که عامل شکوفایی و پیدایش عشق و روابط سالم بین افراد است.

اکنون آنها با همدیگر مهربان شده‌اند. ولی من فقط با خاطره‌های کوتاهی زندگی می‌کنم. یکی از دلایل بیگانگی من همین دور بودنم از آنها و زندگی جدیدی است که آنها بعد از مرگ پدرم با هم دارند.

برای مثال پارسال که یکی از برادرهایم به دیدنم آمد؛ توانستیم کمی با هم ارتباط بر قرار کنیم. با این وجود خیلی از مواقع احساس می‌کردم که هنوز با روحیه و اخلاق او آشنایی ندارم. به همین دلیل با احتیاط و گاهی با سانسور حرف می‌زدم. می‌ترسیدم او را برنجانم و از خود دورتر کنم. برای او هم سخت بود که متوجه تغییر من شده و یا تأثیر محیط اینجا را بر من درك کند. البته من خیلی از مواقع تعجب می‌کردم که او چگونه با خیلی از پدیده‌ها راحت برخورد می‌کند و بسیاری از مسائل را علیرغم انتظار من به‌راحتی می‌پذیرد. اما متأسفانه هنوز با دیگر برادرها و خواهرهایم غریبه هستم و این برایم آن‌قدر جای تأسف دارد که وقتی به آن فکر می‌کنم؛ گریه‌ام می‌گیرد. سه سال پیش یکی از خواهرانم که او هم خارج از ایران زندگی می‌کند؛ برایم نوشت که من شخصیتی مثل «آنت» در کتاب «جان شیفته» را دارم و اینکه من آدمی هستم که مستقل و موفق زندگی می‌کنم. این برایم خیلی جالب بود. البته این تصویری بود که او از من در ذهن خود داشت ولی من هیچ‌گونه تصویر مشخصی از برادران و خواهرانم ندارم و همین اندازه هم راجع به آنها نمی‌دانم.»

زهره: «الان یك‌ساعتی است که داریم راه می‌رویم؛ می‌خواهی کمی روی نیمکت بنشینیم؟»

کتایون: «من هم بدم نمی‌آید. باید گفت من فقط یك چیز راجع به خواهرها و برادرهایم می‌دانم و به آن افتخار می‌کنم. آنها با توجه به تك والد[1] بودن مادرهایمان، به همسران خوب و وفادار، والدین مسئول و مهربانی برای فرزندان خود تبدیل شده‌اند. به‌خاطر همین هم توانسته‌اند بچه‌های سالم و خوبی را به جامعه تقدیم کنند.»

زهره: «خواهر برادرهایت از تو بزرگترند؟»

کتایون: «اغلب خواهر زاده‌ها و برادرزاده‌هایم تا الان ازدواج کرده وخود بچه‌دار شده‌اند. وقتی خبر فارغ التحصیل شدنشان را می‌شنوم خیلی خوشحال می‌شوم.»

زهره: «تصویری که از زندگی و خانواده‌ات به من دادی گویای این است که شما خواهر برادرها آدم‌های سالم، پرتلاش و سخت‌کوشی هستید و همین باعث موفقیت خانواده‌های شما شده. من امیدوارم که آنها هم مثل تو از روابط ناسالم گذشته درس گرفته باشند و تجربیات خود را در زندگی روزمره به کار ببرند.»

کتایون: «من هم همین‌طور فکر می‌کنم. شناخت ریشه‌ای علت‌ها و کشف رابطه صحیح بین تفکر، عواطف و شرایط اجتماعی، می‌تواند باعث تغییر و دگرگونی بنیادی شود و نسل ما بیش از هر چیز به این دگرگونی نیاز دارد.»

خورشید دیگر غروب کرده بود و ستارگان تك‌تك از پشت آسمان نیمه ابری سوسو می‌زدند. کتایون، در انعکاس نور ملایم ستارگان در زلالی آب، خواهران و برادران آگاه و پرتلاش خود را می‌دید که با درك و شناخت واقعی از جوهر زندگی به جبران روابط اجتماعی نابرابر گذشته برخاسته و در حال برپا کردن خانواده‌هایی بر اساس عدالت، عشق و دانایی هستند. او نیز در عین جدایی، خود را با آنها می‌دید و در تلاش‌هایشان برای ترمیم گذشته، خود را شریك احساس می‌کرد.

---

1. Single parent

جلد اول

کاری از کتایون شیرزاد

نام اثر: «حضور در درونِ عشق»

این نقاشی بیان شهودی من از عشق و عرفان است؛ حرکتی از کثرت به وحدت. رنگ‌ها از لایه‌های متفاوت تجربه و احساس می‌آیند و در مرکز به هم می‌رسند؛ جایی که تضادها آرام می‌گیرند و معنا نه با عقل، بلکه با دل آشکار می‌شود.

برای من، این تصویر یادآور سفری درونی‌ست: از تاریکی به نور، از پراکندگی به پیوند، و از خودِ فردی به حضوری عمیق‌تر.

این نقاشی تلاشی‌ست برای نشان‌دادن عشق به‌مثابه یک تجربهٔ عرفانی؛ جریانی زنده از رنگ‌ها که به سوی وحدت و آگاهی در حرکت است.

همدلی

انسان بخش هوشمند هستی است و در آنچه که در پیرامونش می‌گذرد نقش داشته و مسئول وقایع آینده است. او می‌تواند دگرگون شود و دگرگون کند. صمیمانه از خود سخن گفتن و ایجاد ارتباط با دیگران لازمه درک واقعی موقعیت خود و اطرافیان و احساس همبستگی عمیق و مسئولانه با آنهاست.

«کوردون آلبرت»[1]

آسمان ابری و دل گرفته بود. دانه‌های درشت باران تکه تکه پشت پنجره می‌نشست. راهروها خلوت شده و کارمندان یکی یکی دفتر را ترک می‌کردند. ساعت کار تمام شده بود، اما کتایون حال و هوایی دیگری داشت. احساس تنهایی و عدم اعتماد با برادر و خواهرهایش دیر زمانی فکر او را به خود مشغول کرده بود و آزارش می‌داد.

امروز حس تازه و عجیبی او را بعد از کار همچنان در صندلی‌اش نگاه داشته بود. دلش نمی‌خواست دفتر را ترک کند. تصمیم او این بود که باید سد را شکست،

---

1. Gordon Albert

دیوارها را برداشت و خود آغاز کرد. باید ارتباط برقرار می‌کرد. می‌خواست رابطه جدیدش با فامیل چیزی فراتر از سلام و احوال‌پرسی باشد.

باید به آنها نامه‌ای می‌نوشت. شاید نوشتن این نامه باعث شناختن بهتر خود در رابطه با آنها شود. او بارها به زندگیش فکر کرده بود و هر بار اندوهی ناشناخته قلبش را فرا گرفته بود. شاید این نامه باعث آرامش درون و سرآغاز ارتباطی تازه، توأم با عشق و مسئولیت در قبال خانواده‌اش می‌شد.

* * *

درود، این نامه اعتراف گونه‌ای است که در آن ضربان قلب دردمند من شنیده می‌شود. چه کسی دور این قلب دیوار کشیده است؟ من به‌خاطر ترس از چه چیزی نمی‌خواهم از زندان بیرون آیم؟ من شهامت آن را دارم که آغازگر باشم، تا سکوت چندین طولانی را شکسته و از آنچه در این سال‌ها بر من رفته و مرا از شما دور کرده است؛ سخن بگویم.

نمی‌خواهم همچنان لبانم بسته و دلم سرشار از تأسف و اندوه باشد. از آخرین باری که مرا دیده‌اید قیافه‌ام شکسته‌تر شده است. موهایم سفید شده‌اند و چروک‌های زیر چشم‌هایم هر روز مثل امواج رو به ساحل به هم نزدیک‌تر می‌شوند. من اکنون همه نیرویم را برای نیازهای بچه‌هایم متمرکز کرده‌ام. وقتی به یاد بچگی خودم می‌افتم که به‌خاطر شلوغی دوروبَرمان گذشت زمان را احساس نمی‌کردیم. یادم می‌آید بعد از ترک مدرسه برای ساعت‌ها در کوچه بازی می‌کردیم و مرتباً با بچه‌های همسایه و فامیل وقت می‌گذراندیم. بین ما اعتماد و آرامش وجود داشت اینجا من خیلی احساس تنهایی می‌کنم و به جز بچه‌ها و همسرم، کَس دیگری را ندارم. وابستگی‌های آنها به ما دو نفر هم همیشه روی من سنگینی می‌کند. گاهی فکر می‌کنم اگر اتفاقی برای من بیافتد آنها چه خواهند کرد؟ اینجا بچه‌های کانادایی همیشه با بچه‌های فامیل هستند،

ولی بچه‌های من به جز دوستانشان کس دیگری را برای معاشرت نداشته و از نعمت خانواده بزرگ بی‌بهره‌اند.

شاید برایتان نگفته باشم که بچه‌های من، پسرم «کنام» شانزده ساله است و دخترهایم «پارسوا» که یازده ساله و «پورس» که شش ساله هستند. درست یادم نمی‌آید که وقتی بیست سال پیش برای اولین بار ایران را ترک می‌کردم، از همه شما خداحافظی کردم یا نه؟ ولی یادم هست که در دومین دیدارم از ایران اکثر شما را دیدم.

من بعد از ترک ایران به مدت پنج سال در هندوستان ماندم و درس خواندم. در آن مدت سعی می‌کردم که استعداد، حساسیت و ذوقم را در مسیری مثبت به جریان بیندازم. سعی می‌کردم تا می‌توانم به اطرافم نگاه کرده و آهنگ زندگی را لمس و درک کنم. در تحصیلاتم موفق بودم. خیلی از مشکلات را هم تحمل کردم. از جمله دچار چند بیماری واگیردار مناطق حاره نیز شدم، در اثر این بیماری‌ها آن‌قدر لاغر شده بودم که دوستم می‌گفت؛ می‌ترسم بمیری و ما پیش خانواده‌ات شرمنده شویم.

من از اول سعی کردم روی پای خودم باشم و هیچ‌کس را مسئول زندگی خود ندانم. وقتی ایران را به قصد هند ترک کردم؛ درس خواندن یکی از مهمترین اهدافم بود. من با در نظر گرفتن امکانات مالی، چه در انتخاب رشته تحصیلی و چه در نوع زندگی موفق بودم. در این مدت سعی کردم علوم و آگاهی‌های لازم که دانشجوها در محیط دانشگاه کسب می‌کنند را در خارج از دانشگاه هم بیاموزم.

من در هندوستان توانستم به خیلی از مسائلی که در ایران قادر به انجام آنها نبودم؛ توجه کنم. از جمله فعالیت‌های مختلف اجتماعی. من بعد از ساعات دانشکده هر شب حداقل سه تا کلاس فارسی داشتم و فلسفه، اقتصاد

و جامعه‌شناسی هم واحدهای غیر درسی من بودند. پایه و اساس شناخت و جهان‌بینی من را آغاز کردند.

آشنایی با فلسفه و فرهنگ شرق و هند، کشور چند مذهبی و چند زبانی‌ای که سیزده زبان مختلف آن روی اسکناس‌ها به رسمیت شناخته شده است برای من بسیار آموزنده و جالب بود. قبول کردن همدیگر و احترام به باورهای شخصی برای من آموزش بزرگی از دموکراسی بود.

در عین حال در هند اختلاف طبقاتی و فقر بیداد می‌کند. روزی در خیابان اصلی شهر ناگپور[۱] که در مرکز هند قرار دارد؛ قدم می‌زدم که به جمعی جزامی برخوردم. بعضی از آنها دست نداشتند و بعضی‌ها به‌جای دماغ در صورتشان فقط یک سوراخ بود و جزام چشم‌هایشان را از بین برده بود. من تا به حال در عمرم چنین قیافه‌هایی را ندیده بودم. هرچه پول خرد داشتم به آنها دادم. آنها با اینکه می‌دانستند که نباید تنشان را به کسی بمالند جلوتر می‌آمدند. نمی‌دانستم چکار کنم، به‌خاطر این به داخل مغازه‌ای پناه بردم. آنها بعد از حدود بیست دقیقه با ناامیدی آنجا را ترک کردند. آنها بی‌آزار بودند اما فشار گرسنگی باعث شده بود که این‌طور با تمنا به‌سوی دیگران بیایند. دیدن آدم‌های نیازمند و ستم‌کشیده که حتی از داشتن یک قیافه انسانی هم محروم بودند برای من از همه چیز تکان دهنده‌تر بود.

با اینکه هند از کشور ما آزادتر است، اما عدم امنیت و کمبود بهداشت همه جا به چشم می‌خورد. آن زمان، دوره نخست وزیری ایندرا گاندی[۲]، دختر جواهر لعل نهرو، بنیان‌گذار هند نوین بود.

---

۱. شهر ناگپور (به انگلیسی: Nagpur)در ایالت مهاراشترا در کشور هند واقع شده‌است.

۲. نام فامیل اصلی خانم ایندار گاندی نهرو است، اما ایشان بعد از ازدواج نام فامیل خود را عوض کرده و متاسفانه نام فامیل شوهر را گرفتند.

جلد اول

یکی از عمده‌ترین صادرات هندوستان برنج و شکر است که در کانادا مرغوب‌ترین و تمیزترین نوع برنج به حساب می‌آید. برنج باسماتی که من در هند از آن استفاده می‌کردم پر از سنگ و آشغال بود. خاک مخلوط شده با شکر آن‌قدر زیاد بود که در استکان رنگ چای را عوض می‌کرد. در هند طبقه مرفه و طبقه فقیر را به‌طور عیان می‌توان دید، ولی طبقه متوسط آن‌قدر کوچک است که به ندرت تشخیص داده می‌شود.

در هندوستان آگاهی زنان در رابطه با حقوق اجتماعی‌شان بسیار اندک است و روابط حاکم بر خانواده، جز رابطه سنتی، یا بدتر از آن قانون مالک و برده، چیز دیگری نیست.

من در پنج سال زندگیم در هندوستان، بیشتر یک جستجوگر بودم و تقریباً به تمام ایالت‌های آن کشور سفر کرده و از تمام آثار تاریخی، هنری و طبیعت بسیار زیبای آن کشور دیدن کردم.

پسرم کنام در شهر پونای هند متولد شد، اما بعد از تولد او، فشار مالی و عدم امکانات لازم مرا وادار به مهاجرت به فرانسه کرد. در طول چهار سال اقامتم در اروپا با گروهی از زنان فرانسوی همکاری می‌کردم. من در فرانسه با مادر زنان دنیا سیمون دو بوار [1] آشنا شده و فرصتی یافته بودم تا با زنان مهاجر در رابطه با مسائل روز مربوط به زنان گفتگو کنم.

من در دانشکده «سیته یونیورسیته» که محل فعالیت دانشجویان خارجی و فرانسوی بود، با تبادل افکار، بحث و گفتگوهای روزانه آشنا شدم. در کافه‌های پاریس هم که مرکز تجمع روشنفکران و صاحب نظران بود، عصرها و شب‌های

---

۱. مدافع حقوق زنان، بینان‌گذار مکتب فمنیزم با شعبه‌های بسیار در غرب و خواهان برقراری عدالت اجتماعی برابر برای زنان. من در اولین کتاب خود به نام «نگرشی به زندگی سیمون دوبورا» سعی کردم دیدگاه فمنیستی و کتاب معروف او «جنس دوم» را بررسی کنم.

تعطیل گفتگوها تا صبح ادامه داشت. آنجا فضای روشن دموکراسی و تحمل افکار مخالف و ابراز عقیده‌های جدید مرا از همه چیز بیشتر مجذوب خود می‌کرد.

در فرانسه من همچنین در رابطه با مهاجرت دائمی خود، سفرهایی به کشورهای دیگر اروپا مثل سوئد، هلند، اسپانیا و غیره کردم ولی در آخر قرار این شد که به کانادا مهاجرت کنم.

به همان اندازه که سفر از هندوستان به اروپا برایم جالب بود و تغییر بزرگی در زندگی‌ام بوجود آورد، مهاجرت از اروپا به کانادا هم نوع دیگری از دگرگونی‌ها را برای من به همراه داشت.

متأسفانه فرهنگ اروپایی، با همه زیبایی‌های تاریخی و تمّدن بی‌وقفه‌ای که به دست بشر در طول سالیان ایجاد شده است با نوعی اندیشه‌های نژادپرستانه همراه است و در آنجا ریشه‌های عدم پذیرش مهاجر و تسلط سفیدپوستان بر سایر اقوام و گروه‌ها به عیان به چشم می‌خورد. در مقابل، کانادا در طبیعت دست‌نخورده و زیبایی خیره‌کننده اقیانوس و جنگل و کوه خود، اقوام و ملت‌های مختلف را در کنار هم پذیرفته است. زندگی ساکنین کانادا گاهی مرا به یاد اقوام و ملیت‌های ایرانی می‌اندازد که طی قرن‌ها در کنار هم به آرامی زندگی کرده‌اند.

در مقایسه با اروپایی‌ها که به‌طور رسمی و برنامه‌ریزی شده زندگی می‌کنند، کانادایی‌ها بسیار بی‌خیال و متواضع به نظر می‌آیند. آنها هرگونه که دوست دارند؛ لباس می‌پوشند و توجه زیاد از حد به نظر دیگران ندارند.

من در بدو ورودم به کانادا در شهر مونترال که شهری فرانسه زبان است؛ مستقر شدم. ولی به‌خاطر کمبود کار مجبور شدم که به تورنتو مهاجرت کنم. سرمای شش ماهه زمستان و گرمای نمناک تابستان تورنتو و همچنین مسائل و مشکلات خانوادگی، مرا در آخر به شهر زیبا و همیشه بهار ونکوور در ایالت بریتیش کلمبیا کشاند.

جلد اول

خوشبختانه من در ونکوور توانستم که در مدت خیلی کوتاهی وارد دانشگاه شوم و کاری هم پیدا کنم. آشنایی با روان‌شناسی و مردم‌شناسی که بخشی از دروس من بود، مرا بیشتر به مردم نزدیک کرد. در این مدت سعی کردم که جنبه‌های مثبت وجودی خودم را طوری پرورش دهم که به ارزش‌ها والای انسانی نزدیک شوم

همچنان که رفتارهای هر فرد از زندگی گذشته و حال او مایه می‌گیرد؛ طبیعی است که این رفتارها هم‌زمان با تغییرات محیطی عوض شوند. به عبارت بهتر تمام این تغییرات زاییده شرایط محیطی هستند، به شرطی که بتوانیم از این جابه‌جایی استفاده کرده و با فرهنگ میزبان آشنا و مخلوط شویم. اینجا من به راحتی به مردم اعتماد می‌کنم، بدون آنکه دچار خوش‌باوری باشم و سعی می‌کنم تا آنجایی که برایم مقدور است؛ کمکشان کنم. من عادت کرده‌ام که از زندگیم راضی باشم و برای بیشتر داشتن خود را به آب وآتش نزنم. به خودم می‌گویم، همین‌قدر هم بسیار خوب است و بهتر هم خواهد شد. خیلی‌ها هستند که این اندازه هم ندارند

مثبت فکر می‌کنم تا در زندگی بیشتر احساس خوشبختی کنم. در واقع دنبال چیزی در درون خودم و در دنیای اطراف خودم هستم. کشف ارزش‌ها و واقعیت‌های تازه، جنبه‌های مثبت وجودم را نتیجه زندگی‌ام می‌دانم.

مدتی است؛ تصمیم گرفته‌ام که بنویسم و این خود نوعی نیاز آگاهانه برای مقابله با زوال و روزمرگی است. فکر می‌کنم این کار منشأ درک و دوست داشتن زندگی است. نوشتن برای من دستیابی به نوعی آرامش درونی است. برای مثال وقتی به شما فکر می‌کنم، نوشتن درباره شما تصویر کردنتان را برایم آسان‌تر می‌کند. گسستن بخشی از زندگی ماست که آن را از لحظه تولد مانند هدیه‌ای ناخواسته با خود حمل می‌کنیم. غریزی زیستن روشن‌ترین مثال این گسستن است. پیوستن ما زمانی آغاز می‌شود که به دنیا و اطراف خود نگاه کرده و روش‌های

تازه‌ای را برای ارتباط با یکدیگر کشف کنیم. برای من نوشتن کاتالیزور این پروسه است.

یکی دیگر از خودشناسی‌هایی که دوست دارم آن را با شما در میان بگذارم این است که من و همسرم به‌دلایل مختلف از نظر فیزیکی تحت فشار و درد بودیم و برای اینکه از دارو مواد شیمیایی که من از بچگی مخالف آن بودم دوری کنیم، عضو سازمان گیاه‌شناسی و گیاه‌درمانی شدیم.

در این رابطه من شاهد دستاوردهای تازه‌ای از دانش در زمینه خوددرمانی و پیشگیری از عوارض احتمالی داروهای شیمیایی شدم. شناخت من از این پدیده باعث شد که درد گردن و کمر ما در مدتی کوتاه از بین برود. در کنار این فعالیت‌ها، تغذیه سالم را هم یاد گرفتیم، برای مثال ترک گوشت‌خواری و انتخاب خام‌خواری، گیاه‌خواری، آب‌پزخواری الگو و روش من شد، همین‌طور مصرف زیاد آب معدنی، ورزش و شنای روزانه.

گفتنی‌های من هرگز تمام نخواهند شد، چرا که برای ایجاد ارتباطی حقیقی با شما سخن گفتن از تجربه سالیان گذشته ضروری به نظر می‌آید. در آینده باز هم خواهم نوشت و شمارا در جریان حال خود قرار خواهم داد.

دوستدار شما، کتایون

هوا کاملاً تاریک بود. باران بند آمده بود و شیشه پنجره را بخاری مطبوع پوشانده بود. خستگی ازکار طولانی روز و هیجان ناشی از فکر کردن، یادآوری خاطرات و نوشتن نامه، در چهره و اندام کتایون نمایان می‌شد. بعد از مکثی طولانی، نامه را به دقت داخل پوشه گذاشت، از جایش برخاست و سبک‌تر از همیشه و به امید روزی دیگر و تجربه‌ای بهتر راهی خانه شد.

جلد اول

خانواده‌ام در ایران، پس از خواندن کتابم و لمس دلتنگی‌هایم از دوری و محرومیت دیدار، دریچه‌ای تازه از مهر و نزدیکی را گشودند و ما را با غافلگیریِ شیرینی روبه‌رو ساختند. در سال ۲۰۰۳، همراه با خانواده‌ام از کانادا رهسپار ایران شدیم تا دیداری دوباره با برادران و خواهرانم تازه کنیم. آنچه در انتظارمان بود، چیزی فراتر از یک دیدار ساده بود؛ آغوشی بی‌پایان از عشق و استقبالی بی‌مانند.

برادرم خُرّم، با روحی بزرگ و قلبی آرام، مدیریت و سامان این گردهمایی را به دوش کشید. شب‌ها به نوبت در خانه‌ی هر یک از عزیزان جمع می‌شدیم و سفره‌ی محبت گسترده می‌شد. در آن محافل، جان‌نواز تار و سه‌تارِ استاد تهمورث شاهروخی، با آوازهای آسمانی در هم می‌آمیخت و فضا را به مجلسی از شور و سماع بدل می‌کرد. لحظه‌ها در جشن و شادمانی می‌گذشت، اما ورای آن، ارتباطی عمیق‌تر و شناختی ژرف‌تر میان ما شکوفا می‌شد.

در این دیدارهای لبریز از معنا، به دعوتِ مهرآگینِ سه خواهرِ عزیزم، همراه با خانواده‌هایشان، و با یادِ آنان که از تهران و شهرستان ساری تا آن سوی اقیانوس‌ها در آمریکا، نتوانستند در آن حلقه‌ی صمیمی حضور یابند، بنای شناختی استوارتر را پی‌ریختیم؛ شناختی که نه به حضورِ تن، که به پیوندِ دل‌ها متکی بود.

خواهرزاده‌ها و برادرزاده‌هایم، که هر یک در زندگی خویش کامیاب و خانواده‌دار بودند، با مهر از نوشته‌هایم سخن گفتند و شادمانه خود را به من شناساندند، گویی کتابم پلی بود میان روح من و نسل جوان خانواده.

و امروز، هنوز نوای آوازهای محلی داداش خُرّم در گوشم طنین‌انداز است؛ زمزمه‌ای که به اعماق جانم رسوخ می‌کند. هنوز در خیال، رقص‌های سماعی لطیف زن‌داداش منصوره را می‌بینم، همچون پرواز روح در دایره‌ی عشق. و هنوز لبخند و آوازهای وصدایی داداش فریدون با امی جون، در خاطرم همچون شعری ناتمام، تازه و زنده می‌چرخد.

آموزگاری

با بازگو کردن گوشه‌هایی از حقایق زندگی دردمندم، قلب‌های بی‌رمق ما جانی تازه می‌گیرند، و لب‌های خشك ما نفسی تازه می‌یابند.

«رومن رولان»[1]

کتایون بعد از پایان کار، دخترهایش را برای بازی به پارک ساحلی می‌برد. هیجان و شادی بچه‌ها او را هم به شوق می‌آورد. او کمی با آنها بازی کرد و سپس گفت: «من اینجا کنار آب نشسته‌ام؛ بروید برای خودتان بازی کنید. هر وقت خسته شدید؛ برگردید پیش من.»

صدای امواج آب، بازی شاد پرندگان و حرکات مرغان ماهی‌خوار، حواسش را به‌خود مشغول کرده بود. در این بین چشم کتایون به یك جفت پرنده افتاد که شادی‌کنان به سروکول یکدیگر می‌پریدند.

آنها بال‌هایشان را درهم فرو می‌کردند و فارغ و بی‌خیال از آنچه پیرامونشان می‌گذرد، تن و بال خود را در قطرات آبی که از برخورد امواج به صخره‌های ساحلی پدید

1. Roman Roland

می‌آمد شستشو می‌دادند. درحالی‌که نگاهش به آنها گره خورده بود، بی‌اختیار به یاد خواهرش افتاد. روی صورتش یک لایه غم نشست و خیالات گوناگون دفتر خاطرات سال‌های سپری شده را ورق زد، خاطرات ارزنده و نیرومندی که در طول سال‌ها هرگز رهایش نکرده بودند.

تصویر فرشته، خواهر جوان، سرزنده و فداکارش، جلو چشمان او بزرگ شد، آن‌قدر که تمامی ذهنش را گرفت. فضا از آن پر شد و دیگر جز او چیزی نمی‌دید. گذشته‌ها یکی‌یکی در ذهنش پدیدار شدند؛ جان گرفتند و به حرکت درآمدند.

فرشته، دختری شجاع و سرشار از انسانیّت بود. آن‌چنان پر تلاش بود که گویی مرگ زودرس خود را حدس می‌زد و با سرعتی عجیب به سوی اوج خود حرکت می‌کرد. با صراحت حرف می‌زد چرا که هدف او مبارزه با بی‌عدالتی بود و در این نبرد هرگاه شکست می‌خورد، از آن پیروزی می‌آفرید. برای او درد شکست و شادی مبارزه باهم پیوند عمیق داشتند و او لطف و عظمت زندگی را گویی در حضور این دو عنصر می‌دانست.

در طی بیست سال زندگی‌اش، ترس‌ها، بی‌عدالتی‌ها و تبعیض‌های فراوانی دیده بود و با آنها به نبرد برخاسته بود. تعصب را خوار می‌شمرد و سعی داشت که در شکستن جو جهالت با دیگران هم‌صدا شود و به‌خاطر حقوق برابر و بهتر برای انسان‌ها مبارزه کند.

او یك معلم روستا بود و درحالی‌که اغلب همکارانش به دنبال اضافه حقوق، حق بدی آب وهوا و حق محرومیت از امکانات بودند، رویاهای او ایجاد کتابخانه در ده و تهیه حداقل تسهیلات برای روستاییان بود. مشغولیات فکری دیگر او ایجاد راه آسفالته برای متصل کردن روستاها به مدنیت و رفت‌وآمد سریع‌تر دانش‌آموزان روستایی به مدرسه بود. هر وقت در این زمینه به موفقیتی دست پیدا می‌کرد، شغلش را با دیگر همکارانش عوض می‌کرد تا همین فعالیت‌ها را در روستاهای دیگر نیز انجام دهد. او حتی در جلسات ماهانه معلمان روستایی به جای شکایت از اوضاع

خود، از کمبود امکانات تحصیلی بچه‌ها و کمبود غذا و لباس برای آنها سخن می‌گفت.

رئیس فرهنگ منطقه او را به‌خاطر صداقت، صراحت و انسان‌دوستیش که در تجربه به همه ثابت شده بود، دوست داشت و سعی می‌کرد تا حد امکان به خواسته‌های قابل انجام او جامه عمل بپوشاند.

فرشته به‌طور مرتب به کانون پرورش فکری منطقه می‌رفت و کتاب قرض می‌کرد و سرکلاس برای دانش آموزان می‌خواند یا به آنها قرض می‌داد. او تنها معلم دانش‌آموزان نبود، بلکه دوست و همدل آنها نیز بود. پدر و مادران دانش‌آموزان مشکلات خود را با او در میان می‌گذاشتند و از او کمك می‌گرفتند. اغلب بعد از کار به خانه آنها می‌رفت و سعی می‌کرد با همدردی و راهنمایی‌های خود گوشه‌ای از زخم‌هایشان را التیام بخشد. در جامعه سنتی روستا خوب آموخته بود که چگونه در سایه زندگی کرده و در روشنایی بیندیشد. از آنچه پیرامونش می‌گذشت زجر می‌کشید، ولی تحملش زیاد بود.

یك روز وقتی به خانه برگشت بسیار افسرده بود. مادرش پرسید، «چه شده؟ چرا این‌قدر گرفته‌ای؟» او در جواب گفت: «عدم صداقت بعضی از مردم مرا خیلی آزار می‌دهد. دولت، نارنگی و موز می‌دهد که معلمین بین دانش‌آموزان خود تقسیم کنند، آن‌وقت این میوه‌ها سر از مغازه‌های میوه فروشی و خانه‌های معلمان درمی‌آورد.

حدس بزنید امروز چه دیدم؟ وقتی داشتم به خانه برمی‌گشتم، معلمی که در همسایگی ما سکونت دارد و شما هم او را خوب می‌شناسید؛ داشت جعبه‌های میوه که آرم آموزش‌وپرورش روی خود داشت را از داخل ماشینش درمی‌آورد و در حیاط منزل خالی می‌کرد. به خودم گفتم، آنان‌که غنی‌ترند، محتاج‌ترند.»

فرشته کوتاه زیست ولی زندگی‌اش شرافتمندانه و پر بار بود، قلب مهربان او نمی‌توانست رنج بردن و رنج دادن را تحمل کند. یک روز که همراه خواهرش کتایون به روستا می‌رفت تا با افتخار کتابخانه جدید مدرسه را به او نشان دهد، اتومبیل آنها در راه با اتومبیل دیگری که از طرف مقابل می‌آمد به سختی تصادف کرد. کتایون به شدت مجروح شد ولی فرشته در دم جان سپرد و پرواز زودرس، آوازه‌اش را جاودان کرد.

خبر پرواز او در روستاها و مدرسه‌هایی که او تدریس می‌کرد برای بچه‌ها و روستاییان قابل قبول نبود. آنها بهت‌زده به‌هم نگاه می‌کردند و از اینکه دیگر او را در کنار خود، پشت میز کوچک کلاس یا در حیاط کلبه‌های محقر و کوچک روستایی نمی‌دیدند ماتم زده و اندوهگین شده بودند. آنها بلافاصله و باتمام وجود به سازماندهی پرداختند و برای بزرگداشت او مراسم پرشکوهی با همکاری خانواده‌های خود و سایر روستاییان و همچنین معلمین و همکاران اداره آموزش‌وپرورش ترتیب دادند.

برای اثبات ارزش زحمات شبانه‌روزی او و قدرشناسی از این همه عشق به انسان و انسانیت که در او دیده بودند و بنا به رسم راهپیمایی کوچکی در روستا به راه انداختند و در حضور مادر و برادر فرشته هر یك با زبانی به نقل از خاطرات خود و نوع‌دوستی و ارزش‌ها و ایمان انسانی او پرداختند.

یکی می‌گفت: «او مظهر نور و روشنایی بود، گنجی ناشناخته که به زیر خاک رفت.»

دیگری می‌گفت: «بازندگی و مرگش به مادرس همبستگی و انسانیت داد.»

دختر جوان روستایی که نمی‌توانست جلوی هق‌هق گریه‌اش را بگیرد گفت: «هیچ‌کس به قدر ما او را دوست نداشت، حضور او مایه دل‌گرمی و امید بود.» وقتی مادر و برادر غم‌دیده فرشته، آن همه قدرشناسی و محبت را می‌دیدند. در نوعی خلسه، حالتی بین شادی و غم فرو رفته و گریه را در گلو فرو خوردند. جمعیت مثل دسته‌های عزاداری ماه محرم شعار می‌دادند و می‌گریستند و برای روح او رحمت و آرامش می‌طلبیدند.

جلد اول

معلم جوانی که لباس سیاه پوشیده بود و بی‌صدا به پهنای صورت اشک می‌ریخت نگاهی به مادر و برادر فرشته انداخت، و بدون گفتن کلمه‌ای، سرش را پایین انداخت و رفت. او دل‌باخته فرشته بود و به همین خاطر بعد از مرگ او نتوانست در منطقه بماند و جای خالی او را احساس کند. اهالی منطقه تا مدت‌ها او را هر غروب آفتاب بر سر مزار فرشته می‌دیدند که دسته گلی به همراه آورده و عاشقانه روی خاک پرپر می‌کند. و مرتب این جمله را زیر لب تکرار می‌کند، «جریان آب را قبول کردن و مرگ را که خواهر عشق است پذیرفتن، کار بسیار دشواری است.»

در پایان مراسم، ناهید دوست کتایون قطعه شعری را از او که در بیمارستان بستری بود و نتوانسته بود در مراسم شرکت کند؛ خواند:

پس از تو بهار را نخواهم پذیرفتن
خاک مزرعه در سوگواری تو سیاه است
بس از تو خواب، عذاب است
درختان نارنج و پرتقال
خنده بر شاخه‌هایش خشکیده
و یاد تو را مدام برگ و باد
در دهکده‌ها زمزمه می‌کنند.
مرغان منزل و گاو شیرده
همراه من دست‌هایشان را به‌سوی تو دراز می‌کنند
و ناله کنان تو را می‌نامند و می‌گریند
آن چهره زیبا، آن چشمان درشت و درخشانت،
موهای مجعد و شفاف‌ات را در تصویر گذشته می‌بینم
طنین خنده‌ها و شادی‌هایمان را
ناگهان صدای ضجه مادرم را می‌شنوم

پارسوا

و در تیرگی‌های شب، دلتنگم و غمگینم
سوگوار هم می‌شوم
آن‌وقت روی سینه‌ام فشار سنگینی خاک را حس می‌کنم
و به یاد عظیم‌ترین شکنجه می‌افتم
خواهرم در دل خاک می‌پوسد.

مامان، مامان .... حالت خوبه؟

کتایون لحظه‌ای به خود آمد. دست‌های گرم و کوچک دخترانش را روی گونه خیس خود حس کرد. چشمانش را به زحمت باز کرد، انگار از سفر دور و درازی به سرزمین خاطرات برمی‌گشت. او دختران شیرین و معصوم خود را در آغوش گرفت و سر و رویشان را غرق بوسه ساخت.

«مامان، مامان! ما خیلی وقت است که پیش تو هستیم. مثل اینکه خواب بودی؛ داشتی گریه می‌کردی و شعری را که برای خاله فرشته گفته بودی بلند بلند می‌خواندی. این شعر را بارها برای ما خوانده بودی، ما همه‌اش را حفظیم. می‌خواهی برایت بخوانیم؟»

...

مدام یاد تو را برگ و باد
در تمام دهکده‌ها زمزمه می‌کنند
و درختان نارنج و پرتقال باغ

...

جلد اول

پارسوا

نقشی است الهام‌گرفته از دختری که در آغوش خواب عمیق فرو می‌رود و با بوسه‌ای عاشقانه دوباره به زندگی برمی‌خیزد. راهی که از صحنه تا بیستون می‌گذرد، چشم را به سفری روحانی می‌برد؛ جایی که از دور، کوه سترگ بیستون با صخره‌های افراشته‌اش، رازهایی ناگفته را در جان رهگذر می‌نشاند.

دست طبیعت، این صخره‌ها را همچون پیکر زنی آرمیده بر خاک، به خواب جاودان نقش کرده است. مردمان، آن را «شیرین خفته» یا «بانوی خفته» می‌نامند؛ چرا که گویی فرهاد، چون تاب دوری نداشت و هنر قلم در دستش نبود، بار دیگر تیشه برگرفت تا محبوب خویش را از سنگِ خاموش برانگیزد و جاودانه سازد.

این‌گونه، عشق و اسطوره در دل کوه تنیده‌اند؛ خواب و بیداری، مرگ و زندگی، و خاموشی سنگ با فریاد جاویدان دلِ عاشق درهم آمیخته است.

جلد اول

خاطره

گفتی از تو بگسلم دریغ و درد
رشته وفا مگر گسستنی است
بگسلم ز خویش، از تو نگسلم
عهد عاشقان مگر شکستنی است

عبدالحسین زرین کوب

ماتیتی دو سال از من کوچکتر بود. دختری بود شاداب و پرهیجان، زیبا و جذاب، با اندامی متناسب و طناز و چشمانی به رنگ عسل که از جاذبه‌ای خاص برخوردار بود و روی هر ملاقات کننده‌ای تأثیر مثبت می‌گذاشت. او دختری بود حساس و صمیمی که با صداقت و اشتیاق از خود و کارش حرف می‌زد. در اعماق وجودش نیرویی بود که از استعداد و نبوغ او حکایت می‌کرد.

رابطه او با من بسیار صمیمانه بود. همه جا با هم بودیم و اگر کسی ما را نمی‌شناخت باور نمی‌کرد که ما با هم خواهریم. برعکس کسانی که با هم در یک خانه زندگی می‌کنند ولی در مدرسه و اماکن عمومی با دیگرانند، ما تمام اوقات را با هم می‌گذراندیم.

در حقیقت ما برای هم بیشتر از دو خواهر بودیم. هم‌فکری ما از مسائل روزمره فراتر می‌رفت و به فلسفه زندگی نزدیک می‌شد. ما محرومیت‌ها و ناکامی‌های دوران کودکی، نوجوانی و جوانی را با هم تجربه می‌کردیم. پدر ما اغلب در زندگی غایب بود و زمانی هم که بود نقش یك مهمان پرمدعا را داشت. او وقتی من ۱۶ ساله بودم؛ فوت کرد و من و ماتیتی هم به بهانه نبودن دبیرستان مناسب در محل زندگی، خانواده را ترک کرده و عازم ساری شدیم و آنجا با هم یك خانواده کوچك تشکیل دادیم، سال‌های دبیرستان ما این گونه سپری شد.

پس از گرفتن دیپلم دوباره نزد مادر و تنها برادرمان فریبرز بازگشتیم. اولین جدایی بزرگ ما که برای هر دو دردناک و غیرقابل تحمل بود، به‌خاطر استخدام من در اداره فرهنگ و هنر شهرستان چالوس رخ داد. ماتیتی بعد از آن در همان شهر کوچک ماند و به عنوان آموزگار روستا شروع به کار کرد. مادر من که زن زحمت‌کش و فداکاری بود و بزرگ کردن فرزندان را به تنهایی به عهده گرفته بود، از احترام ویژه‌ای در فامیل برخوردار بود. او از هفت فرزندی که به دنیا آورده بود، تنها من، ماتیتی و فریبرز را داشت و بقیه در اثر بیماری‌های گوناگون در همان سال‌های اول زندگی درگذشته بودند.

ماتیتی فرزند آخر بود و مادرم او را می‌پرستید. آن‌قدر به او علاقه و وابستگی داشت که تا سن بیست سالگی شب‌ها با او دریك اتاق می‌خوابید. رابطه ماتیتی با فریبرز که کمی از هر دوی ما بزرگتر بود، مخلوطی بود از علاقه و طغیان. فریبرز با اینکه علاقه خاص به ماتیتی داشت ولی به‌دلیل فقدان پدر سعی می‌کرد نقش او را برای ما مخصوصاً برای ماتیتی که جوان‌تر بود و موقعیت حساس‌تری داشت؛ بازی کند.

آنچه فریبرز از پدر به ارث برده بود، فرهنگ پدرسالاری و تصور برتری جنس مذکر بود. او توجه و مراقبت از خواهرش را با تعقیب، تشر و تعیین تکلیف اشتباه گرفته

بود. پیچیدگی رابطه این دو باعث می‌شد که بیشتر به نارضایتی‌ها و به کمتر عواطف و علایق خود توجه نشان دهند.

ماتیتی گاه تحمل می‌کرد و گاه مبارزه. او نمی‌خواست ضمن حفظ حرمت برادر و روابط خانوادگی، زیر بار قیدهای عذاب‌آور سنتی و مرد سالارانه فریبرز برود. هر وقت که در این زمینه بین آنها بحثی در می‌گرفت، مادر که محصول همان تربیت پوسیده بود، حق را به فریبرز می‌داد. او به ماتیتی به چشم دخترکی کوچك، ظریف و شکننده نگاه می‌کرد که فاقد تجربه‌های لازم برای استقلال بود و باید اجازه می‌داد که برادر بزرگ‌تر مراقب و راهنمای دائمی او باشد.

حساسیت و کشمکش‌های بین ماتیتی و فریبرز در زمانی که من از آنها دور شده و در چالوس به کار و زندگی خود مشغول بودم به اوج خود رسیده بود.

ماتیتی شدیداً احساس تنهایی می‌کرد و بسیار حساس و زودرنج شده بود و به خاطر دوری از من نمی‌توانست افکار و رفتار مردسالارانه فریبرز که هر روز شدت بیشتری پیدا می‌کرد را تحمل کند. وقتی با هم بودیم مسائل کمتر بود، چون مشکلات را بین خود تقسیم می‌کردیم و به کمك هم جلوی فریبرز و مادر و بقیه افراد سنتی فامیل می‌ایستادیم. ولی با دور شدن من، ماتیتی باید به تنهایی با همه مشکلات مقابله می‌کرد.

یک روز فریبرز با حالتی شتابان وارد خانه شد و خطاب به مادر و ماتیتی گفت: «مامان، امروز پنج تا از دوستان برای نهار مهمان من هستند. غذا درست کن که آنها به‌زودی از راه می‌رسند.» ماتیتی همه مهمان‌ها را می‌شناخت. آنها دوستان و هم‌کلاسی‌های قدیمی فریبرز بودند که اکثراً تحصیل‌کرده و اهل تفکر و مطالعه هم بودند.

پس از مدتی کوتاه مهمان‌ها از راه رسیدند. فریبرز در اتاقی که مادر و ماتیتی در آن نشسته بودند را بست که آنها را از دید مردان نامحرم پنهان کند. او آن‌گاه

مهمان‌هایش را از در دیگر خانه به داخل اتاق خود هدایت کرد. هنوز چند دقیقه‌ای نگذشته بود که ناگهان صدای ناله ماتیتی بلند شد. سردرد قدیمی ماتیتی، که به گفته دکترها نوعی میگرن بوده و علت عصبی داشت دوباره عود کرده بود و چنان شدتی داشت که ماتیتی از درد گهگاه سرش را به دیوار می‌کوبید. مادر همان‌طور که با عجله مشغول پختن غذا بود نمی‌دانست برای ماتیتی چه کار کند. از طرفی مهمان‌های فریبرز آمده بودند و او باید سریعاً غذا را برای آنها آماده می‌کرد. از سوی دیگر نمی‌دانست که سردرد ماتیتی به‌خاطر حساسیت و رنجیده شدن او از رفتار فریبرز است یا اینکه نشانه آغاز میگرن دیگری می‌باشد.

ماتیتی همان‌گونه که سرش را میان دودست گرفته بود و فشار می‌داد زیر لب تکرار می‌کرد: «چرا در را به روی من بست؟» لابد از خودش می‌پرسید: «چرا به من نگفت تو هم بیا با مهمان‌های من حرف بزن. گناه من چیست؟ آیا به من اعتماد نمی‌کند؟ یا اینکه به دوستان خودش اعتماد ندارد. اگر این‌طور است پس مشکل از خود اوست که با دوستان غیرقابل اعتماد و نابکاری معاشرت می‌کند. اگر من هم در این شهر کوچک مثل او از آزادی معاشرت برخوردار بودم، هرگز دچار این همه فشارهای عصبی و سردردهای لعنتی نمی‌شدم.» کاش لااقل خواهرم اینجا بود تا می‌دید بر من چه می‌گذرد.

از اینکه تنها مونس تنهایی، و پشتیبان اندیشه‌های جسورانه‌اش در کنارش نبود، به‌شدت متأسف شد. عصبانی و دل‌شکسته آهی کشید، زانوانش را بغل کرد و سرش را میان آنها گذاشت و از درد به‌خود پیچید. در این هنگام فریبرز سرش را از در نیمه باز اتاق بیرون آورد، و ضمن نگاه داشتن در، خطاب به ماتیتی گفت: «چای حاضر کردی؟ همه آمدند زود باش» و بعد بدون توجه به ماتیتی که از شدت درد بی‌حال

شده بود، در را بست و به دوستانش ملحق شد. لحظه‌ای بعد صدای خنده و شادی آنها از پشت در، اتاق نشیمن را پر کرد.

ماتیتی پس از مدتی منگی و سنگینی در سرش احساس کرد، حالتی بعد از سردرد شبیه خلسه که در آن افکار با سرعت بیشتری به جریان می‌افتند و سؤالات، سریع و بی‌وقفه از مغز عبور می‌کنند. اینکه او حق نداشت در سن بیست سالگی نیاز طبیعی و روابط انسانی دل‌خواهش را داشته باشد و اینکه برای او از جنس مخالف یك هیولا ساخته بودند، هیولا هایی که همه بدجنس و بدذات، با قصد فریب، آزار و تجاوز زنان. این حرف‌ها را پدر و برادرش تکرار می‌کردند، بدون اینکه اعتراف کنند که خود آنها هم از همین جنس‌اند. او دیگر نمی‌خواست چشم‌وگوش بسته بماند و پیوسته جملات کلیشه‌ای بشنود. او می‌خواست خودش این موجودات عجیب و بد را آزمایش کند و بشناسد. در واقع رفتار برادر و اطرافیان او را تشویق می‌کرد که پنهانی با این هیولا در ارتباط باشد تا بتواند از میان آنان کسی که او را بیشتر درك می‌کند و با افکارش سازگارتر است را انتخاب کند.

مگر نه اینکه همه می‌خواستند او زودتر ازدواج کند، و مسئولیت یك خانواده را به عهده بگیرد؟ اما چگونه و با کدام تجربه و آزادی؟ به یاد می‌آورد که یك روز به دنبال بحث و گفتگو با فریبرز در همین مورد به مادرش گفته بود: «شما می‌ترسید به دست خود مرا آزاد کنید، به‌خاطر همین من مجبورم تا پنهان از شما برای بدست آوردن آزادی تلاش کنم. به همین دلیل چه بسا دچار اشتباه هم بشوم، درصورتی‌که این وظیفه شماست که در به دست آوردن استقلال و آزادی به من کمك کنید.»

خوشبختانه در راه کسب محتاطانه این آزادی هر دوی ما آنچنان ناموفق هم نبوده و توانسته بودیم که برای خود دوست‌های خوبی هم پیدا کنیم. با اینکه رابطه ما با این دو دوست از دیدار و معاشرت سطحی فراتر نمی‌رفت، اما هر دوی ما می‌دانستیم

که پیچیدن این خبر در بین دوستان و آشنایان جز ضرر به خانواده و به‌خصوص جری‌ترکردن فریبرز کار دیگری نخواهد کرد. داشتن رازی مانند این من و ماتیتی را بیشتر به هم نزدیك کرده بود و باعث می‌شدکه ما مدت زیادی را به بحث وگفتگو راجع به رابطه بین جوانان بگذرانیم.

ماتیتی با من از نحوه رفتار پدر و تأثیر آن بر فریبرز سخن می‌گفت.

او دلش می‌خواست معاشرت و ارتباط بین جوانان با همکاری و راهنمایی والدین انجام شود و از اینکه دخترانی مثل او قربانی واپسگرایی جامعه می‌شوند؛ حسرت می‌خورد و از زندگی در جامعه‌ای که مردانش بدون تغییر در الگوهای رفتاری و فکری نسل‌های گذشته و بدون در نظر گرفتن تحولات سریع اجتماعی در جهان و پیرامون خود همچنان افکار و عقاید پوسیده را ادامه می‌دهند؛ بیزار بود.

او نسبت به تحصیلات و مطالعاتش، با حقوق زنان و برابری آنان در عرصه‌های مختلف آشنا بود و از این که زن‌ستیزی رو به رشد را هر روز در زندگی خود و اطرافیانش تجربه می‌کرد، به‌شدت زجر می‌کشید. او می‌گفت: «امروز در کشور ما آنهایی که کمتر می‌دانند، راحت‌تر زندگی می‌کنند، و آنهایی که بیشتر می‌دانند، باید بار نادانی دیگری را هم تحمل کنند.»

افکار ماتیتی آینه‌ای از محرومیت‌ها و آرزوهای نسلی شریف و نجیب بود که در اوج شور و تلاش آزادی، ناگهان خود را تنها می‌دید و به نوعی یأس و بدبینی دچار شده بود.

در منزل پدری ما تلفن نبود و ما برای تماس، گاهی از تلفن همسایه استفاده می‌کردیم. یك روز دختر همسایه به او خبر داد که خواهرت پای تلفن است و می‌خواهد با تو صحبت کند. ماتیتی خوشحال و سراسیمه به خانه همسایه رفت، و در پاسخ من که طبق معمول می‌خواستم از حال او، مادر و برادر جویا شوم، ماجرای سردرد شدید خود و رفتار فریبرز را با صدایی بغض‌آلود برای من تعریف کرد. من

به او گفتم که برای فراموش این واقعه احتیاج شد که به همراه دوستان خود به یک مسافرت کوتاه برویم.

چند روز بعد من چالوس را به قصد دیدار از خانواده و همچنین مسافرت با ماتیتی و دوستان ترک کردم. در خانه بعد از حال و احوال‌پرسی و دیداری کوتاه با مادر، من و ماتیتی سوار ماشین شدیم تا به خیال مادر با هم به چالوس برگردیم. قرار بود که ما بعد از سوار کردن دوستانمان راهی گرگان شویم. من شنیده بودم که وزارت جلب سیاحان مُتلی در نهارخوران تأسیس کرده که با بنای مجهز و مدرن خود در کنار طبیعت حیرت‌انگیز شمال تبدیل به یکی از جاذبه‌های توریستی شده است. وقتی ما بعد از همراه شدن دوستم جاوید، برای سوار کردن امیر دوست ماتیتی به خانه او رفتیم؛ متوجه شدیم که او از قبل اتومبیل دیگری هم فراهم کرده تا ما مانند دو زوج جوان در دو اتومبیل جداگانه سفر کنیم.

من همان‌جا با این طرح مخالفت کردم و قرار بر این شد که همه ما با ماشین امیر که BMW2002 قرمز رنگی بود؛ سفر کنیم.

هر چهار نفر ما در جاده کناره به گرگان مسافرت کرده بودیم، اما این بار همه‌چیز زیباتر به نظر می‌آمد. ما از ذوق توی پوست خود نمی‌گنجیدیم و هر کس تلاش داشت که با پخش نوار دل خواهش این لحظات را به خاطراتی فراموش نشدنی برای خود تبدیل کند. امیر در این بین با رانندگی سریع و جوانانه خود به ما شوروشوق بیشتری می‌داد.

ناگهان ضربه برخورد ماشین ما با اتومبیلی دیگر به تمام ماجرا خاتمه داد. وقتی چشمانم را باز کردم، خود را رو به آسمان یافتم.

یك لحظه فکر کردم که مرده‌ام و در حال صعود به آسمان‌ها هستم من در آن لحظات به‌قدری از احساس گناه و شرمساری دور بودم که نمی‌توانستم این واقعه هولناک را به

ممنوع بودن عملی که ما انجام داده بودیم؛ ربط دهم. اما صورت تار مأمور شهربانی که از بالا به من خیره شده بود و صدای غیر قابل تشخیص او که می‌گفت: «این هم آخر و عاقبت خوش‌گذرانی» مرا به واقعیت‌های زمینی بازگرداند. در آن لحظه با اینکه از مرگ فاصله چندانی هم نداشتم برای اولین بار آرزو کردم که ای کاش مرده بودم.

این آرزویی بود که به دلایل مختلف تا مدتی مرا ترک نکرد. بعد از به هوش آمدن در بیمارستان، اولین سؤالم این بود: «ماتیتی کجاست؟» مادرم با چشمانی پر اشک به من دلداری می‌داد که او بیهوش است. به گفته دکتر تصادف به هفت دنده من آسیب جدی رسانده بود و ماتیتی هم به علت ضربه مغزی در حالت اغماء به سر می‌برد.

... و این جهان به لانه ماران مانند است
و این جهان پر از صدای حرکت پاهای مردمی است
که همچنان که تورا می‌بوسند
در ذهن خود طناب دار تو را می‌بافند

«فروغ»

همه اقوام اول من و بعد از آن فریبرز را مسئول این اتفاق می‌دانستند و عقیده داشتند که من با برنامه‌ریزی مخفیانه این سفر، ماتیتی را برای همیشه از آینده‌ای خوب محروم کرده‌ام و با اینکه کسی جرئت نمی‌کرد این مسئله را به زبان بیاورد، اما در نظر دیگران، فریبرز با دادن آزادی و بی‌توجهی به رفتار خواهرانش مسئول واقعی این حادثه به شمار می‌آمد.

با اینکه حال من روز به روز بهتر می‌شد، ماتیتی همچنان بی‌هوش بود و دکترها آرام آرام امید به ادامه زندگی او را از دست داده بودند. در بیمارستان به اصرار من بالاخره قرار شد که تختم را به اتاق ماتیتی منتقل کنند. از نزدیکی به او هم خوشحال و هم عزادار بودم. تکرار نتیجه‌گیری‌های دیگران به من هم قبولانده بود که من مسئول

وضعیت خواهرم هستم و در زندگی عذابی سخت تعقیبم خواهد کرد. من که خود زمانی حساب هم‌فکری با مردم که به معنی اندیشیدن دست جمعی درباره یك موضوع است را از هم عقیده بودن با آنان یا مرگ اندیشیدن فردی، جدا کرده بودم، در اثر شرایط تحمیلی و برای فرار از تفکر برای توضیح وقایع، به دام تنبلی فکری اطرافیانم افتاده بودم که می‌خواستند از این حادثه فجیع، درسی اخلاقی برای نسل‌های آینده در فامیل بسازند.

یك شب با صدای ناله ماتیتی از خواب بریدم. با اینکه باید از تکان خوردن او احساس خوشحالی می‌کردم، طولی نکشید که فهمیدم چرا وحشتی بزرگ وجودم را فرا گرفته است. چیزی به من می‌گفت که خواهرم در حال مرگ است و آخرین تلاش‌هایش را برای ماندن انجام می‌دهد. با زحمت از تخت خود بیرون پریده و به رختخواب او نزدیك شدم. جملاتی نیست که بتواند سنگینی آن لحظات را در خود بگنجاند. به صورتش خیره شدم و از اینکه تصادف نتوانسته بود ذره‌ای از زیبایی‌های او کم کند به خود افتخار کردم. سپس او ر ابه آرامی در آغوش گرفتم و بعد از مدتی کوتاه او را به وضعیت اولیه در رختخواب برگردانده و به گرفتن دست او در دستم اکتفا کردم. ما حدود سه ساعت در این حالت بودیم. نمی‌خواستم پرستار را خبر کنم، چون می‌دانستم در این لحظات از دست هیچ‌کس کاری بر نمی‌آید. شاید نمی‌خواستم تنها بودن با عزیزترین دوست زندگی‌ام را تعدادی غریبه سفید پوش تقسیم کنم.

می‌خواستم مرگ او را در دست خود تجربه کنم. به این خاطر تا لحظه آخر دست بی‌رمق و نحیفش را رها نکردم. لحظه‌ای که ماتیتی درگذشت، احساس کردم که روح او از طریق دست‌هایمان به بدن من منتقل شد و در سلول‌های من جای گرفت. دوست داشتم که تمام خصوصیات زیبای او که به خاطر آنها محبوب بود را تا زمان

مرگ با خود حمل کنم و این‌گونه ماتیتی را با خود و در خود زنده نگه دارم. این حداقل کاری بود که بعد از این فاجعه بزرگ از دستم برمی‌آمد.

آن شب تا صبح بیدار ماندم و با بدن سرد ماتیتی درد دل کردم. دیگر احساس گناه نمی‌کردم و هیچ‌کس و هیچ‌چیز برایم اهمیتی نداشت. احساس می‌کردم که زمان رفتن و کندن از این خاك و مردم، حتی از خانواده‌ام برایم فرا رسیده است. به او شرافتمندانه قول دادم که بار دیگر با هم زندگی خواهیم کرد و با کمك هم دنیای بهتری را برای خود خواهیم ساخت.

کاری از کتایون شیرزاد

نام اثر: رقص روح / Dance of Soul

تجلی شادی درونی و رهایی است؛ جایی که روح در آغوش رنگ‌ها به حرکت درمی‌آید.

Katy
SHIRZAD

اعتماد به نفس

«بکوشید تا چراغی در درون خویش باشید، بر خویشتن تکیه کنید و حقیقتی را که در وجود خود دارید چون خورشیدی یگانه فرا راه خود قرار دهید.»

بود

میلا دختری بود گستاخ، جسور و آزاده. آزاد زیستن را مثل پرندگان از دل کوه‌ها و جنگل‌های انبوه مازندران آموخته بود. رک حرف می‌زد، با جرئت بود و دل به خطر می‌سپرد چون هنرمندان عاشق، خلاقیت و حساسیت‌اش در طبیعت به اوج می‌رسید. صدای همهمه باد در لابلای برگ درختان، زمزمه ملایم آب در جویباران، نجوای عاشقانه پرندگان و عطر گیاهان وحشی او را به نهایت سلامت و شوق می‌رساند.

افکارش به پرواز درمی‌آمد و توانایی‌هایش شکوفا می‌شد. شعر می‌گفت و نقاشی می‌کرد. آواز سر می‌داد و احساس زنده بودن و شادابی می‌کرد. سر از پا نمی‌شناخت،

سرکش و بی‌پروا سخن می‌گفت. احساس زنانه‌اش اوج می‌گرفت. لوند و لوس می‌شد. می‌رقصید. با پرندگان هم آواز می‌شد و ترانه‌های شاد مازندرانی را با صدای بلند می‌خواند:

تره بتمه نکن ململ جمه، دیگر نمبه ته محله

تره بتمه نشو کوهی خنه، دیگر نمبه ته محله

فردا بهار بونه کوهی شونه کوه، دیگر نمبه ته محله

ته تنها خسنی چش نشونه خو، دیگر نمبه ته محله

ته محله سنگ تراشون، دیگر نمبه ته محله

ته ناز بیه فراون، دیگر نمبه ته محله

در طبیعت عطر گل‌های بهاری به مشام می‌رسید و خنده‌های مستانه میلا که در فضا می‌پیچید. شادی و شور جوانی او، در دل رهگذران خسته، امید و توانایی می‌آفرید.

میلا با شتاب پنجره را به روی سیاهی‌ها می‌بست ودر دریچه دلش را به روی خورشید و ستاره‌ها می‌گشود، راهی که در پیش داشت از روزهای پرامید سرنرسیده و شب‌های غنی و سرشار نطفه نبسته حکایت می‌کرد.

در کلاس دهم، یعنی شانزده سالگی، یك روز مادرش از او خواست تا آماده پذیرایی از خواستگاری که تازه از امریکا آمده و تحصیلاتش را در آنجا به پایان رسانده بود؛ باشد. ناگهان دنیای میلا درهم ریخت. اصلاً آمادگی ازدواج نداشت و برعکس می‌خواست تحصیلات عالی انجام دهد. از طرفی دیگر نمی‌خواست و نمی‌توانست مادرش را برنجاند.

نبودن پدر و کشیدن بار مسئولیت به تنهایی، این اندیشه را در او تقویت می‌کرد که هر مردی می‌تواند جای خالی پدر را برای او پرکند. با اینکه ناصر در همان برخورد اول از میلا خوشش آمده بود و قصد ازدواج داشت، میلا اصرار می‌کرد که اول باید دیپلم گرفت و به دانشگاه رفت، ناصر پذیرفت که تا زمان دیپلم صبر کند و بعد از ازدواج میلا بتواند به دانشگاه برود.

دو سالی که میلا مشغول دیپلم گرفتن بود، ناصر با محبت و هدایای فراوان توانست علاقه او را به خود جلب کند. بعد از گرفتن دیپلم و چند ماه قبل از تاریخ ازدواج، میلا تصمیم گرفت که به شیراز، شهری که ناصر در آنجا کار و زندگی می‌کرد و در آینده قرار بود محل زندگی او شود رفته و از نزدیک شرایط زندگی ناصر را بررسی کند. ناصر از ملاقات غیرمنتظره و ناگهانی میلا در خانه خود دستپاچه و تا حدی عصبی شد. او به سرعت شروع به پایین آوردن قاب عکس‌ها از دیوار و جمع‌آوری اشیاء مختلف از روی میز و قفسه‌ها کرد. اما دیگر دیر شده بود.

و میلا در همان لحظه‌ی اول همه چیز را فهمیده بود. عکس‌های جمع‌آوری شده متعلق به یک دختر امریکایی بود که در کنار ناصر در مکان‌های مختلف گرفته شده بودند و اشیاء و یادگاری‌های مختلف او تقریباً تمام اتاق ناصر را پر کرده بود.

در طول یک هفته‌ای که در شیراز بود چند نامه از آن دختر برای ناصر رسید و یکبار هم آنها تلفنی باهم صحبت کردند. میلا از اینکه ناصر هیچ‌وقت از این رابطه با او سخنی نگفته و در طول دو سال آن را مخفی کرده بود غمگین و سرخورده شد. از این که با تمام وجود عاشق مردی شده بود که به دیگری تعلق داشت و در تمام مدت به او دروغ گفته بود، قلبش به درد آمد.

با این همه تصمیم خود را گرفت و با برنامه خانواده که مشغول تدارک ازدواج بودند؛ مخالفت کرد. او می‌گفت: «نمی‌خواهم همسرم را با زن دیگری که او را دوست

دارد؛ تقسیم کنم. ناصر می‌خواهد در کنار زندگی عاشقانه مدرن خود با یک زن امریکایی زندگی سنتی زناشویی هم داشته باشد و با آن رضایت خانواده‌اش را بدست آورد. چگونه می‌توانم با مردی زندگی کنم که دو سال تمام در گوش من زمزمه‌های عاشقانه بخواند و مرا پرستوی خود بنامد ولی تمام مدت با زن دیگری در رابطه باشد؟» بالاخره خانواده متقاعد شدند و میلا با منطق شفاف خود از حمایت آنها بهره‌مند شد.

میلا نمی‌توانست لحظه‌ای را بیهوده بگذراند و می‌خواست اثرات اولین ناکامی در زندگی را با کار و فعالیت جبران کند. از این رو بلافاصله مشغول کار شد و به استخدام کانون پرورش فکری کودکان شهرستان خود در آمد. از آنجایی که عاشق خواندن و یادگیری بود به کارش نیز عشق می‌ورزید. برای کودکان و نوجوانان کتاب می‌خواند یا حداقل کتابی را خلاصه می‌کرد تا بچه‌ها را از طریق داستان‌های آموزنده با زندگی آشنا کند.

در طول چهار سال کار با کانون، کم‌کم متوجه کتاب‌های ممنوعه متعلق به کانون شد که مخفیانه و در زیرزمین نگهداری می‌شدند و کارمندان اجازه نداشتند آنها را در اختیار مراجعین بگذارند. از میان همه نویسندگان ممنوعه قصه‌نویسی "صمد بهرنگی" او را بیشتر تحت تأثیر قرار داد. او داستان‌های صمد را از بر می‌کرد و بعد از تغییر در فرصتی مناسب برای کودکان بازخوانی می‌کرد.

قصه ماهی سیاه کوچولو و سمبولیزم زیبای آن درباره ترک جویباری کوچک و پیوستن به دریای آزاد که سال‌ها فکرش را به خود مشغول کرده بود، مهم‌ترین انگیزه او برای رفتن به خارج از ایران شد.

میلا با تحمل و مشقت فراوان، از راه پاکستان وارد هند شد. در آنجا بلافاصله وارد دانشگاه شد، بعد از یک سال برای مادرش نوشت که تصمیم دارد با یک مرد هندی

که در دانشگاه با او آشنا شده است؛ ازدواج کند. مادر که در تمام مدت نگران تنهایی او بود و می‌بایست از خبر ازدواج دخترش خوشحال شود؛ نمی‌توانست حضور یك مرد خارجی را در زندگی او ببیند. پس از دو ماه تردید و تأمل در پاسخ نوشت: «البته از ازدواج تو و سروسامان گرفتن تو خوشحال می‌شوم ولی با یک هم زبان، که بتواند تو را و دل‌مشغولی‌هایت را خوب بشناسد. نه یك فرد خارجی که اساساً با تو بیگانه است. خلاصه من به‌شدت مخالف ازدواج با کسی هستم که سنت، فرهنگ و دیانت متفاوت با فرزندانم داشته باشد و اگر واقعاً تصمیم داری که با او ازدواج کنی دیگر اسمی از من نبر.»

میلا هم به‌تدریج نظرش تغییر کرد و از این ازدواج منصرف شد چرا که خود به این نتیجه رسید که آن جوان هندی کسی نیست که او را از زندگی راضی کند. او کسی نبود که فقط به‌خاطر مخالفت مادر خواسته‌ها و ارزش‌هایش را زیر پا بگذارد و ندای دلش را ندیده بگیرد.

حدود شش ماه بعد، در یك گردهمایی سراسری دانشجویان ایرانی با نیما آشنا شد. نیما از نظر خصوصیات فکری و اخلاقی به او نزدیك‌تر بود، جوانی مهربان، حساس و صمیمی که علاقه زیادی به مطالعه داشت. تصمیم گرفتند برای آشنایی بیشتر، با استفاده از تعطیلات چند روزی به کشمیر بروند، سفری که برای میلا تولدی دوباره بود و خاطرات فراموش نشدنی به همراه داشت. در آنجا، وقتی خود را در میان گل‌های رنگارنگ با رایحه دل‌انگیز به یاد نوجوانی پرشور و زادگاه زیبای خود افتاد و مثل گل سرخ در گرمای ملایم آخر بهار دوباره شکوفا شد. آنها با هم قایق سواری کردند تا از زیبایی افسانه‌ای دریاچه کشمیر بهره‌مند شوند، قایق‌هایی که با انواع گل‌های زیبا و کمیاب تزیین شده‌اند و در آنها بوی اغذیه معطر هندی به مشام می‌رسد و دلدادگان جوان دست در دست هم به رویاهای خود می‌اندیشند.

میلا که محو تماشای این همه زیبایی بود، با شاخه گل سرخی که نیما به نشانه عشق تقدیمش کرد، غافلگیر شد. برای یک لحظه نگاهش با نگاه او گره خورد. قلبش به طپش افتاد و نطفه عشق و پیوند در دلش بسته شد. بعد از قایق‌سواری، به سوارکاری پرداختند، میلا در نوجوانی سوارکار خوبی بود و بین دختران فامیل رقیب نداشت. او معمولاً یك روز تمام اسب‌سواری می‌کرد تا به خانه مادر بزرگ در روستایی دیگر برود. تجربه خاطرات کودکی و گرمای مطبوع عشق، آنچنان او را سرمست و ازخودبی‌خود کرده بود که مهار اسب را رها کرد و با صدای بلند شروع به خواندن ترانه‌های مازندرانی کرد.

پیوند میلا و نیما که با تعهدی دوسویه و در فضایی سرشار از عشق و امید آغاز شده بود، بیش از ۵ سال طول نکشید. نیما با برقرار کردن رابطه با دختری، عشق و وفاداری خود را به میلا زیر پا گذاشت. این برای میلا ضربه‌ای هولناک و غیرقابل تحمل بود. او در کمال ناباوری با پسر دو ساله‌اش برای مدتی راهی سوئد شد تا شاید شوهر عهدشکن به‌خود آید و از اعمالش پشیمان شود.

وقتی میلا بعد از یک ماه مراجعت کرد، با کمال تعجب آنها را بهم نزدیک‌تر دید. آن‌قدر آشفته شده بود که قدرت تصمیم‌گیری نداشت. به مادرش فکر می‌کرد که از جدایی او چقدر ناراحت خواهد شد و به پسرش که در آینده چه مشکلاتی پیدا خواهد کرد.

او که همیشه به معیارهای خود بیشترین اهمیت را می‌داد، حالا دیگر نمی‌توانست به خود فکر کند و می‌بایست زندگی‌اش را بر اساس تمایلات، ارزش‌ها و منافع دیگران ادامه دهد. چون دچار افسردگی و فشار روحی شدید شده بود به مشروب پناه برد، ولی بزودی احساس کرد که در حد اعتیاد به دام الکل افتاده است و تمام روز را باید با مشروب بگذراند. کم‌کم از آن هم بیزار و خسته شد.

جلد اول

مثل همه زن‌های فامیل شده بود که غم بی‌وفایی شوهر را به جان می‌خرند و راز خود را با کسی در میان نمی‌گذارند، چرا که سنت به آنها گفته است، خانواده را به هر قیمتی باید حفظ کرد. او هنوز عقیده داشت که باید با لباس سفید عروسی به خانه شوهر رفت و با کفن سفید از آن خارج شد.

میلا هر روز تکیده‌تر و اندوهگین‌تر می‌شد. سکوت‌های طولانی و گریه‌های مداوم او کم‌کم نیما را هم خسته و وحشی کرده بود. به‌خاطر این نیما تصمیم گرفت برای فرار از شرایط او را تنها گذاشته و به امریکا مهاجرت کند.

میلا لب به اعتراض باز نکرد، چرا که توانایی دفاع از خویش را از دست داده بود و روابطش با دیگران بیمارگونه شده بود. او خود را مادری نالایق، همسری تحقیر شده و فرزندی شرمنده و ناتوان می‌دید و هراس داشت که چگونه برای مادرش توضیح دهد، مردی که با اطمینان و قاطعیت به همسری انتخاب کرده بود، این چنین بی‌مسئولیت و بی‌وفا از آب درآمده است.

شك کرد که شاید همه مردها این چنین‌اند و شاید این خصلت ذاتی مردانه باشد. ولی این‌طور نبود. او مردان بسیاری را می‌شناخت که با صداقت و فداکاری تمام هستی خود را وقف همسر و فرزندان خود کرده بودند. شش ماهی از رفتن نیما نگذشته بود که او سرشکسته از طریق نامه و با اصرار دوستان قدیمی، از میلا خواست گذشته را فراموش کرده و در امریکا به او بپیوندد. اما میلا دیگر هیچ احساسی به او نداشت، با این حال در اثر توصیه دوستان و فامیل و برای گریز از بی‌هدفی و پیدا کردن پاسخی مناسب جهت ادامه زندگی، راهی امریکا شد. وقتی در فرودگاه چشمش به نیما افتاد ناگهان تمام گذشته یکجا جلوی چشمانش زنده شده و لبخندی تلخ بر لبانش نقش بست و برای اولین بار همه چیز را تمام شده، احساس کرد.

گرچه خود را می‌شناخت که تحمل عهدشکنی را ندارد و این بار دومی بود که خود را می‌آزمود، تمام سعی خود را کرده بود که زندگی‌اش را با نیما ادامه دهد. متأسفانه چندی نگذشت که فاصله عمیقی که بین احساس و اندیشه‌هایشان ایجاد شده بود کم‌کم در فعالیت‌های اجتماعی آنها نیز پدیدار شد.

نیما به فلسفه شرقی عرفان و نوعی از نیهیلیسم روی آورده بود. او که به چهار زبان به خوبی صحبت می‌کرد، دائم در گوشه‌ی اتاق سرگرم مطالعه بود و یادداشت‌هایش را برای چاپ به روزنامه‌ها می‌فرستاد.

میلا برخلاف نیما، در سه سال اقامت در آمریکا، بسیار فعال و اجتماعی شده بود. دائم در تکاپوی برقراری ارتباط با محیط خود بود. مثبت می‌اندیشید و در فعالیت‌های اجتماعی مختلف داوطلبانه شرکت می‌کرد. کنجکاوی و انرژی فعال شده‌اش مجال نمی‌داد که صبر کند تا رویدادی اتفاق بیافتد، بلکه خود به استقبال و کندوکاو در رویدادها می‌شتافت.

میلا در گروه زنان فعال بود و آنان را یاری و حمایت می‌کرد و در رابطه با وقایع روز در جمع آنان سخنرانی می‌کرد. هم‌زمان در دانشگاه به ادامه تحصیل و تحقیق می‌پرداخت و برخلاف نیما سراسر وجودش کار، برنامه و هدف‌مندی بود و هرگز احساس به بن‌بست رسیدن؛ نمی‌کرد.

بعد از سه سال زندگی اندوه‌بار و کسالت‌آور که هر کدام آن را در اتاقی جداگانه با دنیایی متفاوت و ذهنیاتی دور از هم گذرانده بودند، بالاخره روزی نیما تصمیم گرفت از دنیای درون خود و ذهنیات و باورهایش با میلا صحبت کند. او به میلا گفت که زندگی برایش به پایان رسیده است. به گمان او انسان‌ها در بحرانی دائمی به سر می‌برند. او از فیلسوف پوچ‌گرای فرانسوی سخن گفت که ابتدا همسر و فرزندان و بعد خود را کشت تا به آرامش ابدی دست یابد. نیما گفت که به عقیده او

بهترین راه خودکشی است و خواست که میلا هم آن را بپذیرد و سرانجام در پاسخ به نگاه‌های کنجکاو، حیرت‌زده و ناباورانه میلا اعتراف کرد که: «هرچه تو درباره من فکر می‌کردی درست بود. من با چند زن هندی و آلمانی که در همسایگی بودند و گاهی به ما کمک می‌کردند نیز رابطه داشتم و در مدتی که تو به سوئد رفته بودی رابطه هم‌جنس‌گرایی هم پیدا کردم و با همه این روابط مختلفی که من داشته‌ام فکر می‌کنم تو، پسرمان و خودم هر سه مبتلا به بیماری ایدز هستیم و این یکی از دلایل عمده پیشنهاد خودکشی من است، چرا که اگر قرار است تدریجی و با ذلت بمیریم، بهتر است که با دستان خود و با شجاعت و شهامت این کار را بکنیم.»

میلا اگر چه با شنیدن ماجرا پریشان حال شد، ولی حرف‌هایش را باور کرد. پس از اعتراف او به حقایق احساس کرد هنوز هم دوستش دارد و با تمام وجود به فکر چاره‌جویی و راه‌حل افتاد. او در مقابل اعترافات دردناک نیما مسئولیتی سنگین احساس می‌کرد و نمی‌دانست چگونه و از کجا باید آغاز کرد.

خاطرات شیرین از دست رفته، و امیدهای تباه شده جلوی چشمانش رژه رفتند. یاد زمانی افتاد که نیما برای گرفتن ویزای اقامت از هند به آلمان می‌رفت و او تمام طلاها و جواهراتی را که یادگار عزیزانش بود و از دوران کودکی و نوجوانی گردآورده بود برای خرج سفر او فروخت. یاد روزهایی که خانه را گل آذین می‌کرد و ساعت‌ها پشت پنجره به انتظار بازگشت او می‌ایستاد؛ افتاد. یاد روزهای سخت بارانی که نمی‌توانست او را در خارج از خانه بدرقه کند ولی با این حال در را باز می‌کرد و رفتن او را عاشقانه تماشا می‌کرد.

حالا باران هم گرفته بود. او صدای رعدوبرق را می‌شنید، ابرهای سیاه به حرکت درآمده بودند و رگباری تند آسمان را فرا گرفته بود، طوفانی که می‌توانست درخت‌ها و خانه‌ها را از جا کنده و همه چیز را نابود و دگرگون کند. برای یک لحظه به خود آمد،

نگاهی به نیما انداخت و زیرلب گفت: «هرگز نخواهی توانست بیش از این پشت مرا خم کنی، نه ... دیگر اجازه نمی‌دهم.»

تصمیم گرفت به‌جای فکر کردن وارد عمل شود. بلافاصله برای هر سه نفر وقت آزمایش خون گرفت. ولی هرچه اصرار کرد نیما حاضر به رفتن نبود. او می‌گفت از جواب آزمایش می‌ترسم.

بسیار لاغر، تکیده و بی‌اشتها شده بود. میلا وحشت کرده همراه پسرش برای آزمایش رفت. پس از ده روز که به‌نظرش ده ماه آمد، نتیجه آزمایش به‌دستش رسید. از خوشحالی سر از پا نمی‌شناخت و برای سهیم کردن دیگران در این خوشحالی، عده‌ای از دوستان مشترک را به خانه دعوت کرد و بدون ذکر دلیل مهمانی مفصلی گرفت. ولی نیما که دچار احساس شرم، گناه و پشیمانی بود، از آن پس هرگز نتوانست روی پای خود بایستاد. رفته‌رفته مشکلات رفتاری و روانی او بیشتر می‌شد، و هر بار پیشنهاد میلا را برای رفتن نزد روان‌شناس و روان‌پزشك رد می‌کرد. نیما ساعت‌ها می‌نشست و در را به روی خود می‌بست و به دیوار خیره می‌شد.

حتی پسرش پیوند را هم به‌خاطر نمی‌آورد که حالا هفت ساله شده بود و به مدرسه می‌رفت، خیلی چیزها را می‌فهمید.

گاهی اوقات پس از ساعت‌ها بی‌هدف پرسه زدن در خیابان‌ها، ساعت یازده شب محبت پدریش گل می‌کرد با شکلات و ویدئو کرایه‌ای کارتون به خانه می‌آمد تا پدر خوبی باشد. پیوند را از خواب بیدار می‌کرد و با شیوه خود، بارانی از عشق وناوقت نثار او می‌کرد و در عین حال اصلاً به رفتار بیمارگونه خود و همچنین تأثیر آن روی پیوند فکر نمی‌کرد. این‌گونه محبت‌های افراطی و غیرعادی که همیشه کوتاه‌مدت و گذرا بود در کنار آن همه بی‌توجهی و بی‌مسئولیتی نیما در قبال فرزند در روحیه حساس و شکننده پیوند تأثیر بسیار منفی گذاشته، و مانع شادابی و سلامت او می‌شد.

جلد اول

برای میلا ادامه این زندگی بیهوده غیر ممکن شده بود. دیگر حاضر نبود به‌خاطر حرف دوستان و یا خوش آمدن فامیل، شکنجه دائمی را تحمل کند. این زوج کم‌کم برای هم به‌صورت دو بیگانه کامل درآمده بودند وجدا شدند. میلا همچنان از ساعت نه صبح تا پنج بعدازظهر کار می‌کرد و شب‌ها به دانشگاه می‌رفت و همچنان مورد احترام و ستایش دوستان و جامعه بود.

میلا با روحیه‌ای بازیافته در اغلب مهمانی‌ها و معاشرت‌های گروهی شرکت می‌کرد و غالباً با دوست و هم‌فکر قدیمی خود بهروز دیده می‌شد. بهروز از مبارزین سیاسی سابق بود که زندگی او در باورش خلاصه می‌شد، مردی متین ،آرام و قابل احترام که در طی زمان، افراطی بودن خود را تغییر داده و بسیار منطقی و آزاد اندیش شده بود و این اشتراک در نگرش علمی به وقایع ، یکی از دلایل نزدیکی میلا و بهروز به شمار می‌رفت.

نقل اندیشه‌های تئوریک و پذیرفتن نارسایی‌ها در پروسه عمل برای هر دو آنها که مراحل مختلفی را پشت سر گذاشته و شاهد وقایع پیرامون خود بودند، نوعی هم‌فکری ایجاد کرده بود. میلا معتقد بود که میان نظریه و عمل باید رابطه‌ای عینی وجود داشته باشد. مثلاً مفهوم آزادی، عدالت، انسانیت و غیره اگر به درستی تجزیه و پرورده نشود و یا به عبارت دیگر اگر مفهوم نظری این پدیده‌ها در قلمرو عمل به کار نیاید، صحبت از این پدیده‌ها عبث و بیهوده خواهد بود. او در ادامه رابطه عمیق فکری با بهروز به پیوندی جسمانی و فیزیکی با او دست یافت و حاصل این تفاهم و همدلی عشقی پرشور بود که تولد دختری را به همراه داشت. دختری که زندگی میلا را بی‌آنکه آزارش دهد تکمیل کرد. پرستو تبدیل به مفهوم تازه زندگی برای میلا شد.

متأسفانه پس از مدتی، به‌خصوص بعد از تولد پرستو، بهروز علیرغم باورهای زیبا، در عمل کوتاه آمد و خودخواهی و بی‌مسئولیتی به راحتی جانشین تعهدهای تئوریک

شد. او متأسفانه ثابت کرد که نمی‌خواهد و یا نمی‌تواند مسئولیت پدری را قبول کند، میلا سخت برآشفته و از زندگی خود متأثر شده بود. گاهی به خود و باورهایش و گاهی به تمام مردان و پدران شک می‌کرد، و درک اینکه مردان اغلب مسئولیت پدر بودن را تنها در حرف و احساس بیان می‌کنند، و در واقعیت همه بارها بر دوش زن است، او را به فهم رنج تاریخی مادران نزدیك کرد.

به یاد سیمون دوبوار افتاد که در جواب اینکه «چرا بچه‌دار نمی‌شوی؟» گفته بود: «چون برای بچه‌ام پدر پیدا نکرده‌ام.» تفاوت میلا و او در این بود که میلا با وجود بچه‌دار شدن هنوز نتوانسته بود که پدری برای فرزندان خود پیدا کند. میلا که با تمام وجود عاشق فرزندانش بود، از بی‌مسئولیتی، عدم همکاری و بی‌توجهی پدرانشان سخت آزرده شد و تصمیم گرفت برای همیشه او را ترک کند، شاید یك تنه و بدون تأثیر منفی، بهتر می‌توانست در تربیت و پرورش فرزندان خود موفق باشد.

خوشبختانه شکست‌ها و تجربه‌های گذشته در او کوهی از اعتمادبه‌نفس ایجاد کرده بود و می‌دانست که قادر است با تکیه به اراده و پشتکار آهنین خود زندگی جدیدی را آغاز کند. بچه‌ها را به مهدکودک گذاشت و خود شروع به کار و ادامه تحصیل کرد.

میلا روزبه‌روز در کارش موفق‌تر می‌شد و دوستان تازه‌ای پیدا می‌کرد. در این احوال به او پیشنهاد شد که به عضویت هیئت مدیره کانون که در آن فعال بود درآید، ولی میلا پیشنهاد را رد کرد و صمیمانه قول ادامه همکاری و فعالیت به آنها را داد. یکی از اعضاء فعال کانون به نام سعید بارها از میلا برای صرف نهار دعوت کرده بود، ولی میلا او را شبیه نیما و روشن فکری به بن‌بست رسیده با انبوهی از کتاب‌های فلسفی می‌دید که حیران و درمانده، در میان آنها غوطه می‌خورد، شخصی که گاهی از صوفیگری و گاهی از مارکسیسم سخن می‌گوید و زندگی را با حرف‌های خالی از محتوای عملی می‌گذراند. برای آشنایی بیشتر با میلا، سعید جمعی از اعضاء کانون

را به یک مهمانی در منزل خود دعوت کرد و میلا این بار دعوت را به‌خاطر اینکه جنبه‌ی همگانی داشت پذیرفت.

اما آن روز میلا به جای سعید، با مرد دیگری آشنا شد که قبلاً از طریق سعید و فعالیت‌های کانون، تلفنی با او صحبت کرده بود.

ماهان که سال آخر رشته مهندسی را طی می‌کرد، قامتی بلند و چهره‌ای آرام و باوقار داشت. بسیار شمرده حرف می‌زد و برای بیان افکار و عقایدش از روشی منطقی و کلماتی سنجیده استفاده می‌کرد. ماهان در آن جمع توجه زیادی به پرستو داشت، تمام مدت او را بغل کرده بود و با او بازی می‌کرد و پرستو آنچنان از آشنایی با او خوشحال بود که هنگام شام به جای نشستن با میلا در کنار او نشست.

بعد از شام هنگامی که میلا مهمانی را ترک می‌کرد، ماهان که همچنان پرستو را برشانه نشانده بود، تا کنار ماشین او را بدرقه کرد و آنها ضمن بدرود قرار گذاشتند که هفته بعد برای دیدن فیلم جدیدی به سینما بروند.

میلا در آن روزها بیش از هر چیز، دنبال پدری شایسته برای فرزندانش می‌گشت. با توجه به تجربه‌های تلخ گذشته دیگر جملات زیبا و شاعرانه، عقاید پیچیده فلسفی و حرف‌های شیرین و جذاب برایش مطرح نبود، و به مسائل با دیدی عمیق‌تر و منطقی‌تر نگاه می‌کرد. و از همین دیدگاه به رابطه ماهان با پرستو و پیوند می‌نگریست که هر روز عمیق‌تر و جدی‌تر می‌شد. ماهان با اینکه هرگز تجربه پدری نداشت ساعت‌ها با آنها هم‌بازی می‌شد و آنان را به پارک و گردش می‌برد.

توجه ویژه او به بچه‌ها توأم با مهربانی، مسئولیت و در نهایت پدرانه بود. او توانسته بود پرستو و پیوند که هرگز تجربه‌ای از پدر نداشتند را در کوتاه زمانی به خود مجذوب کند. ماهان خود کودکی دشوار و کمبود پدر را تجربه کرده و دیده بود که مادرش چگونه به تنهایی مسئولیت مادری و پدری را یک تنه به‌دوش می‌کشیده و از

این رو، شباهت بی‌شماری میان زندگی میلا و کودکانش با گذشته مادر و خواهران و برادران خود می‌دید.

از سوی دیگر در زندگی او به عنوان یك مرد، تنها میلا توانسته بود که عواطف درونی و نگرش او را به دنیای بیرونی درک کند آنها با تجربه تازه‌ای از مفاهیمی نظیر عشق، آزادی و مسئولیت آرام‌آرام با هم به تفاهمی دوطرفه دست می‌یافتند. اطرافیان سنت‌زده ماهان که از رابطه و نزدیکی سریع آن دو بیمناک بودند، ماهان را سرزنش می‌کردند که چگونه حاضر است با زنی که دو بچه دارد و از او بزرگتر است، ازدواج کند. از دید آنها این کار منطقی و عاقلانه نبود و با سنت‌های ایرانی جور درنمی‌آمد. از سوی دیگر خانواده ماهان از ایران او را برای این ازدواج شماتت می‌کردند و هشدار می‌دادند که به‌زودی پشیمان خواهد شد. اما ماهان که عاشق میلا و بچه‌هایش شده بود یك تنه در مقابل همه ایستادگی کرد و به تصمیم آگاهانه خود وفادار ماند.

درک مشترك ماهان و میلا از زندگی باعث شد که آن دو زندگی مشترکشان را آغاز کنند. پیوندی که برای میلا با گذشته متفاوت بود و در آن قابلیت هم‌زیستی و گسترش تفاهم انسانی محترم بود، پیوندی آگاهانه که باعث شکوفایی عواطف مثبت در دو انسان می‌شد، دو انسانی که می‌دانستند هیچ ذهنی با ذهنی دیگر ساختار یکسان ندارد، اما تلاش در پذیرش دیگران آن‌گونه که هستند حاصل رشد اجتماعی و بلوغ آدمی است.

ماهان از میزان وابستگی و مسئولیت‌پذیری مادرانه میلا نسبت به دو فرزندش آگاه بود و از همین رو هنگامی که حلقه ازدواج را در دست او می‌کرد گفت: «من، تو و بچه‌هایت را دوست دارم و امیدم جاودانگی رابطه ما چهار نفر است.»

پیوند میلا و ماهان رشته بهم پیوسته و چندسویه‌ای بود که عواطف، شخصیت و تفکرات آن دو را بهم گره می‌زد و هر روز استوارتر می‌شد. این نشانه ای بود از پیوند انسان‌ها با جامعه، پیوندی سالم بر مبنای ارتباط تنگاتنگ انبوه ارزش‌ها و مفاهیم با رفتارهای شخصی، شناختی پالایش یافته از محتوای هزار توی ذهن، مفاهیمی چون

عشق، لذت، احترام، محبت، هیجان، اضطراب، ترس، شادی و اندوه. میلا اولین بار بود که خود را این‌گونه خوشبخت می‌یافت، چرا که ماهان او را همان‌گونه که بود می‌شناخت؛ می‌پذیرفت و تحسین می‌کرد.

میلا که از کودکی عاشق طبیعت بود، بار دیگر فرصت داشت تا خاطرات زیبای نوجوانی را زنده کند. آخر هفته، همراه ماهان و بچه‌ها در جنگل و کنار برکه‌ها چادر می‌زدند و شب‌ها شادمانه به رقص و پایکوبی پرداخته و هم‌صدا با پرندگان ترانه‌های قدیمی و خاطره برانگیز را دسته جمعی زمزمه می‌کردند.

ماهان در آشپزی، نگهداری بچه‌ها، نظافت خانه و سایر امور پابه‌پای میلا فعال بود. میلا در کنار او نه فقط رابطه زن‌وشوهری، بلکه اشتراک و هم‌فکری را برای اولین بار تجربه می‌کرد. او که این همه حمایت و دل‌گرمی را در خانه می‌دید، تمام وقت روزانه را صرف کار می‌کرد و شب‌ها که بچه‌ها را با اطمینان خاطر نزد ماهان می‌گذاشت، برای ادامه تحصیلات که به دلیل مشکلات خانوادگی به وقفه افتاده بود، به دانشگاه می‌رفت.

ماهان در ادامه تحصیل پیوسته مشوق میلا بود. شبی که برای آوردن او به دانشکده رفته بود با مرد اروپایی که او هم در انتظار آمدن همسرش بود شروع به صحبت کردند. آن مرد با تعجب پرسید: «شما چطور حاضر هستید همسرتان، با داشتن دو بچه و مسئولیت کار و زندگی، تا این ساعت شب در دانشکاه باشد و درس بخواند؟» ماهان در پاسخ گفت: «ثمره آنچه که همسرم می‌آموزد را اعضاء خانواده خواهند برد.»

میلا بلافاصله پس از گرفتن مدرک تحصیلی‌اش، در زمینه آموزش همگانی در یک سازمان غیرانتفاعی شغل خوبی بدست آورد و بنا به زمینه علائق و انگیزه‌های خود، کمك به همنوعان را برگزید. با وجود اینکه روش‌های تازه‌ای او در کار معمولاً با مخالفت و کارشکنی سنت‌گرایان و کهنه پرستان روبه‌رو می‌شد، اما در اندک زمانی مورد توجه مردم قرار گرفته و بین آنها محبوبیت پیدا کرد. آنچنان در دل مراجعین خود

نفوذ کرده بود که همه از او با افتخار و تحسین یاد می‌کردند و کمک‌ها و راهنمایی او را در زندگی خود بسیار موثر ومفید می دالستند.
میلا به‌زودی صاحب سومین فرزند شد و اکنون بیست ودو سال است که با ماهان همچنان با عشق و احترام در کنار سه فرزندشان زندگی می‌کنند.
ماهان کمپانی صنعتی بزرگی دارد که افراد زیادی را بکار گرفته است. او خود را فردی موفق، با نشاط و خوشبخت می‌داند.

میلا مثل همیشه امیدوار، پرتلاش و جستجوگر است و اشتیاق یادگیری را مانند دوران جوانی حفظ کرده است. او زنی است با تجربه‌های گرانبها ، انسانی سختی کشیده و درد آشنا که قایق پرتلاطم زندگی را به ساحل آرام زندگی مشترک موفقش با ماهان رسانده است.

روزی در پاسخ به تلفن زنی که آن سوی خط می‌گریست و از بی‌عدالتی رنجیده و از زندگی ناامید بود و قصد خودکشی داشت؛ گفت: «به خود ایمان داشته باش، هرگز مأیوس و ناامید نشو، پستی و بلندی زندگی را تجربه کن. مطلق‌گرا و ایستا نباش. زنان گاهی در بیان نارضایتی از زندگی خود و تشریح خواسته‌هایشان، دچار اشکال می‌شوند. مسئله ما زنان، مسئله یك گروه اقلیت نیست، ما نیمی از بشریت را تشکیل می‌دهیم و در نیمی از حساس‌ترین مسائل زندگی، نظیر عشق، روابط جنسی و تأمین برابری و آزادی که به ما ارتباط دارد، باید با چنگ و دندان از پیروزی‌هایمان حفاظت کنیم و آنچه در این میان بکار می‌آید واقع بینی، شناخت دقیق حقایق و داشتن اطلاعات مستند و منطقی، از زندگی و مسائل زنان است.» او آنگاه اضافه کرد: «من خوشبخت بودنم را مدیون اعتمادبه‌نفس و حرکت خویش هستم. من به انسان‌هایی که در مسیر زندگیم قرار گرفتند، فرصت آزمایش دادم. به آنها اعتماد کردم و اگر زمانی فداکاری کردم برای این بود که لیاقتشان را دریابم. در این بین عقاید و باورهای اشتباه خود را که محصول صداقت، نوپایی و عدم تجربه‌ی سال‌های جوانی بود، تصحیح

کردم. یادگیری، تغییر و رشد را به خود و فرزندانم آموختم و هرگز روی داوری‌ها و اشتباهات گذشته پافشاری نکردم.»

این خود ما زنان هستیم که باید شایستگی و ارزش‌های خود را به مردم و به جامعه نشان داده و بر اساس آن حقوق خود را مطالبه کنیم. ما خویشتن خود را می‌سازیم، با ساخته خود یکی می‌شویم و آن‌وقت به تجربه باور می‌کنیم که چیزی کم نداریم.

***

میلا که مدتی است تمرین سنتور می‌کند و انگیزه‌ی آن نیز هم‌نوایی صدای خوش ماهان است.

بعضی روزها پس از خاتمه کار، عاشقانه در کنار هم می‌نشینند. او مضراب را روی سیم به رقص در می‌آورد و فارغ از اندوه رنج‌های سالیان و به پاس تجربه‌ی عشق به دست آمده در طول زمان، با هم در ماهور می‌خوانند که:

حدیث بیان کن بدان زبان که تو دانی
بگوی دوست گذر کن در آن زمان که توانی
بخوان بنام گل سرخ عاشقانه بخوان
که عاشقانه ترین قصه را دوباره بخوانی

پایان جلد اول

جلد دوم

مقدمه

در این جلد، دیگر تنها از زخم‌ها سخن نمی‌گویم؛ بلکه از بیداری، از روشنایی و از افق‌هایی می‌نویسم که در تاریکی زاده می‌شوند. زن ایرانی نه تنها شاهد سرگذشت خود، که خالق آینده‌ی خویش است؛ همان آینده‌ای که با آگاهی و ایستادگی، ریشه در حقیقت می‌دواند.

جلد دوم «پارسوا» رودخانه‌ای است که از کوهستان تجربه‌ها سرچشمه می‌گیرد و به دریای آزادی و رهایی می‌پیوندد. امید دارم این صدا، همانند نسیمی بر دل‌ها بنشیند و همانند طوفانی، وجدان‌ها را بیدار سازد.

نسخه‌ی ساده و روان (برای همه‌ی خوانندگان)

جلد نخست کتاب پارسوا؛ صدای زن ایرانی، که در سال ۱۹۹۸ به رشته تحریر درآمد، با مقاله‌ای آغاز شد که به یاری ذهنی خلاق و نگاهی نقادانه، به موضوع خانواده پرداخت. پس از گذشت بیست‌وهشت سال، بر آن شدم که این اثر را با تجدید چاپی تازه زنده کنم؛ چاپی که دربرگیرنده اصلاح برخی خطاها، تغییر در طراحی، افزودن اطلاعات نو، و به‌روزرسانی مطالب باشد. در این سال‌ها پژوهش‌های گسترده‌تر و تجربه‌های عمیق‌تر مرا به دگرگونی‌ای درونی رساند؛ دگرگونی‌ای که انگیزه‌ام شد تا تأثیر ارزشمند پدرم را در اجتماع بازگو کنم و

پارسوا

جلد دوم پارسوا را به نگارش درآورم؛ جلدی که اکنون در پیوندی هم‌افزا در کنار جلد نخست جای خواهد گرفت.

جلد دوم پارسوا در حقیقت ادامه‌ی همان راهی است که در جلد اول آغاز شد، اما این بار با نگاهی ژرف‌تر و پرامیدتر. آرزو دارم این نوشته‌ها در دل خواننده تلنگری ایجاد کند؛ بیدار باشی برای اندیشیدن، برای تغییر و برای زیستنی شایسته‌تر.

قصه زندگی خود را یک قصه بنیادی روان‌شناختی و معنوی می‌نامم. قصه بنیادی، قصه‌ای است که حاوی حقیقتی بسیار اساسی برای رشد انسان‌ها باشد. حقیقتی که بدون جذب و درک آن، پیشرفت بُعدی ممکن نخواهد بود. و فرد تا زمانی که این نکته را تشخیص ندهد، قادر نخواهد بود به‌طور کامل از نظر روحی شکوفا شود.

جلد دوم

هر واژه، بذر سرنوشتی است که در خاک زمان افشانده می‌شود.
امروز شاید خطی خاموش بر کاغذ باشد،
اما فردا می‌تواند به جنگلی بدل گردد؛
جنگلی پر از صدا، معنا و بیداری.
از این رو، نوشتن تنها عمل بر صفحه نیست؛
سلوکی‌ست به درون،
زیرا کلمات، انعکاس جان‌اند
و جان، وقتی حقیقت را می‌گوید،
راهی برای رهایی می‌گشاید.
من، کتایون شیرزاد،
زاده‌ی وصالی ناعادلانه‌ام؛
وصالی که نه بر بستر مهر،
بلکه در هیاهوی معامله‌ای تحمیلی رقم خورد.
آنجا که مردی، خود را مالک خاک و جان می‌پنداشت،
برای صلحی پوشالی،
مادرم را بر آستانه‌ی آشتی جنگ قربانی کردند.
در این تقدیر، دو چهره نقش آفریدند:
نخست، طلبکارِ قدرت که عدالت را به گروگان گرفت،
و دوم، پدری که ناگزیر،
خود بخشی از چرخه‌ی بیداد شد.

اما زخم، همیشه زندان نیست؛
گاه بذر است.
از دل تاریکی، نوری سر برمی‌آورد،
که انسان را به پرسش فرا می‌خواند:
عدالت چیست؟ رهایی کجاست؟
و چگونه می‌توان از خاکستر ظلم،
پرنده‌ای از آزادی برآورد؟
این فصل، تلاشی‌ست برای روایت آن حقیقت؛
حقیقتی که از رنج آغاز می‌شود
اما به سوی آگاهی، بیداری و بازآفرینی پرواز می‌کند.

رشد شناختی

رشد شناختی، این مفهوم شامل: توانایی‌های یادگیری، حل مسئله و پردازش اطلاعات می‌باشد. استرس‌های پنهان، زخم‌های خاموش‌اند.

گشودن‌شان، آغاز رهایی‌ست؛

گریه، دروازه‌ی خودآگاهی،

و اشک، غسل روح در قبیله‌ی زخم‌ها.

هر رنجی که با آگاهی زیسته شود، به معرفت بدل می‌گردد.

و هر غمی، اگر روایت شود، داستانی قهرمانانه می‌شود.

بخشش، آخرین پل است؛ چشم‌پوشی از خطا، نه به نام ضعف، که به نام آفرینش.

آنجا که خشم می‌سوزد، بخشش، دریای آرامش می‌رویاند.

زنانی که عذاب‌های بسیار کشیده‌اند، نخست باید پالایشی درونی را تجربه کنند. پس از آن، قوه‌ی تخیّل و درکی شگفت‌انگیز در آنان شکوفا می‌شود؛ بینشی که از

ژرفا و وسعت خارق‌العاده‌ای برخوردار است. آنان به اسرار نهان ضمیر ناخودآگاه خویش پی می‌برند و استعدادهایشان از دل رنج‌ها و ستم‌های گذشته روییده است. اگر زنی به‌جای غرق شدن در تلخکامی، به طبیعت راستین خود بازگردد، دوباره زاده می‌شود؛ در طول و عمق جان خویش رشد می‌کند و شکوفا می‌گردد.

در روند درمان یک تجربه‌ی دردناک روانی، می‌دانیم هر چه زودتر مهار آغاز شود، بهبود سریع‌تر خواهد بود. پس به‌جای آنکه وانمود کنیم خشم را حس نمی‌کنیم، بهتر است او را بشناسیم، و حتی دعوتش کنیم تا کنارمان بنشیند، جرعه‌ای چای بنوشد. در این نقطه‌ی حساس، می‌توانیم شفاگر درون را فرابخوانیم؛ همان خویشتن خردمند که بهترین منابع وجودمان را گرد هم می‌آورد تا ورای عصبانیت و رنج، حقیقت نفس را ببیند.

شفاگر همیشه «دورنگر» است؛ او طغیان‌های عاطفی را می‌شناسد و راه بازپروری و آرامش را می‌گشاید.

شناخت کهن الگو

این جهان از زندگی ما، گریه‌های ما، خنده‌های ما، استخوان‌های ما، ساخته شده است. این جهانی است که ارزش ساختن را دارد. جهانی که ارزش زندگی کردن را دارد، جهانی برخوردار از سلامت وحشی کامل و ژرف.

دکتر «کلاریسا پینکولا» سپاس

شناخت کهن‌الگوها به افراد کمک می‌کند تا خودشناسی عمیق‌تری پیدا کنند و رفتارهای خود را در روابط و زندگی بهتر درک نمایند.

این مفهوم توسط «کارل یونگ»، روان‌شناس سوئیسی، مطرح شد. شناخت کهن‌الگوها به مدیریت بهتر رفتارها، هیجانات و در نهایت دستیابی به مسیری موفق‌تر در زندگی کمک می‌کند. برخی از کهن‌الگوهای رایج زنانه که بر اساس الهه‌های یونانی شکل گرفته‌اند عبارتند از:

آفرودیت[1]:

نماد عشق، زیبایی و شور و اشتیاق.

۱-آفرودیت (Aphrodite): در اساطیر یونان، الهه عشق، زیبایی، لذت، شور جنسی و باروری است که رومی‌ها او را ونوس می‌نامیدند؛ نماد جذابیت، خلاقیت هنری، و همچنین شخصیت‌شناسی «کهن‌الگو»یی برای زنان دارای ویژگی‌های ظاهری و شخصیتی خاص مانند شیک‌پوشی، برون‌گرایی، و علاقه به کانون توجه بودن است، و در روانشناسی به عنوان الگوی شخصیت «آفرودیتی» شناخته می‌شود.

مقاله‌ی یکپارچه:

«رنج، راز، و رهایی زن»

کهن‌الگوی من، مادر و مادرانم‌اند؛ زنانی که میراثشان در رگ‌ها و جانم جاری‌ست. آنان هم لذت بزرگ‌اند، هم مصیبت بزرگ؛ هم زخم‌های عمیق‌اند و هم شفابخش‌ترین پیروزی‌ها. زخم‌هایی که روزگاری گشوده بودند، امروز به مرهم بدل شده‌اند. اکنون اشک دیگر شرم نیست؛ ناله پرده‌ای برای رهایی‌ست. چونان که روان، پس از عبور از زباله‌های انباشته‌ی جان، شفاف‌تر می‌شود و در ژرفای خویش، حیاتی نو را می‌یابد. این همان سلوکی‌ست که انسان‌شناسان «خودآگاهی» و «جادوی همدردی» نامیده‌اند؛ سلوکی که زن را از رنج به معرفت و از مصیبت به فرزانگی می‌رساند.

رازهای پنهان، زخم‌های خاموش‌اند. گشودنشان، آغاز رهایی‌ست. سخن گفتن، نوشتن و بازنگری در نقش خویش، راهی برای تبدیل اندوه به حکمت است. هر رنجی که با آگاهی زیسته شود، به معرفت بدل می‌گردد؛ و هر غمی، اگر روایت شود، داستانی قهرمانانه می‌شود. یونگ می‌گوید: «پنهان کردن اسرار، ما را از ضمیر آگاه جدا می‌سازد.» جایی که راز پنهان مانده باشد، نقطه‌ای مرده در جان آدمی شکل می‌گیرد؛ جایی که به حیات عاطفی خود و دیگری پاسخ نمی‌دهد. از این‌رو اشک، دروازه‌ی خودآگاهی‌ست و گریه، غسل روح برای ورود به قبیله‌ی زخم‌ها. اما فراموشی آگاهانه یعنی خاطره را پشت سر گذاشتن، به سرزمین نو گام نهادن و زندگی نو آفریدن. بخشش، والاترین مرحله‌ی این سلوک است. چشم‌پوشی از خطاهای دیگری، نه به نام ضعف، بلکه به نام آفرینش. آن‌گاه خشم خاموش می‌شود و دریای آرامش می‌جوشد.

جلد دوم

اما رنج و رهایی زن تنها فردی نیست، بلکه جمعی است. غصب و خشم جمعی نیز کارکردی طبیعی دارد؛ پدیده‌ای به نام اندوه و رنجش گروهی. زنانی که در عرصه‌های اجتماعی، سیاسی و فرهنگی آگاه می‌شوند، درمی‌یابند که بارها با خشم مشترکی روبه‌رو می‌شوند؛ خشمی که از بی‌عدالتی‌ها به جوش می‌آید. این خشم اگر آگاهانه زیسته شود، نه ویرانگر، که سازنده است. به لحاظ روانی، سرکوب آن به ناسالمی می‌انجامد؛ اما به‌کارگیری آن در مسیر عدالت و اصلاح، انگیزه‌ای می‌شود برای گفتگو، مسئولیت‌پذیری، پیشرفت و دگرگونی. چنین خشمی، خود بخشی از الگوی زنانی است که به آگاهی می‌رسند. رنجشان آموزگار است، اشکشان مرهم، و خشمشان نیرویی برای خلق جهانی نو.

جستجو، سفری است که در ژرفای آن، دانشی بیدار و بصیرتی فزاینده نهفته است؛ سفری که روح را می‌پروراند و جان را در مسیر روشنایی می‌افکند. انسان در این راه، نقاب‌های توهم را یک‌به‌یک فرو می‌افکند تا به سیمای راستین خویشتن بنگرد. هر نقاب که می‌افتد، پنجره‌ای تازه به سوی حقیقت گشوده می‌شود؛ و او درمی‌یابد که معنای زندگی نه در سایه‌ها، که در نوری است که پس از پذیرش حقیقت رخ می‌نماید.

جستجوی حقیقت، هم‌زمان رهایی از توهمات است. در این رهگذر، آدمی به خویشتن‌داری و توانمندی دست می‌یابد و در درون خود نغمه‌ای تازه می‌شنود: «من تاب‌آورم، من به مقصد رسیدم.» و این همان لحظه‌ای است که می‌توان آن را آیین راستین روشنگری نامید.

زنان بسیاری در این جهان به‌سان شن‌های ساحل در برابر موج، یا درختان در برابر دگرگونی هوا، حساس و پذیرنده‌اند. آنان با شهودی ژرف، همانند گرگی که از فرسنگ‌ها دورتر حضور دیگری را در قلمرو خویش حس می‌کند، تغییرات پنهان

هستی را درمی‌یابند. استعدادشان در دیدن و شنیدن و دریافتن، با سرعتی هم‌پای نور است؛ کوچک‌ترین تغییر در نگاه، در صدا یا در جنبش تن را می‌خوانند، و این هدیه‌ی بزرگ شهود است.

زنانی که بار رنج‌ها و زخم‌ها را بر دوش کشیده‌اند، نخست نیازمند پالایش و تطهیر درون‌اند. پس از این سلوک، قوه‌ی تخیل و درکی شگفت در آنان شکوفا می‌شود؛ نیرویی که از ژرفای ضمیر برمی‌خیزد و افقی تازه از هستی را بر آنان می‌گشاید. استعدادهایشان، میوه‌ی تلخ رنج و ستم دیروز است، اما در جانشان به درختی پربار بدل می‌گردد. اگر زنی، به جای ماندن در تلخ‌کامی، به طبیعت راستین خویش بازگردد، دوباره زاده می‌شود؛ زنده‌تر از همیشه، و در طول و عمق وجود خویش رو به رشد و شکوفایی می‌رود.

زنِ آگاه، زنِ متحول

هنگامی که زن بیدار می‌شود و دگرگون می‌گردد، همانند واژه‌ای کهن در زبان فرانسه است، برگرفته از معنای «فراخواندن شاهینی که به او اجازه‌ی پرواز داده شده است».
در این معنا، پرواز، نماد آزادی درونی و بازگشت به خویشتن است؛
زن از صداهای ذهن و روح خویش بهره می‌گیرد تا بیاموزد چگونه بجهد، چگونه بدود، و چگونه هر آنچه در زمینِ روحی‌اش پدیدار می‌شود را سایه به سایه تعقیب کند.

او پوست می‌اندازد، از گذرگاه‌های کهن می‌گذرد و معرفت خویش را آشکار می‌سازد.

زخم‌های گذشته را با افتخار بر تن دارد، بی‌آنکه از شرمساریِ بودن، خود را پنهان کند.

راه را می‌یابد و پیش می‌رود.

نه با خشم، بلکه با قدرت.

جلد دوم

نه با جنگ، بلکه با زکاوت زنانه‌ای که میراث کهن اوست.
در آیین‌های شفابخشِ زندگی، هیچ داستانی در خلأ زیست نمی‌کند؛
هیچ زنِ آگاهی از سرچشمه‌ی معنویِ خود جدا نیست.
ما زمان و مکانِ زیست، سلامت و ناسلامتی، قوانین آشکار و پنهان زندگی درونی و بیرونی
را در نظر می‌گیریم تا از میان همه‌ی آنها، داروی شفا را بیابیم.
با مراقبه و آگاهی، ردپایی ژرف از خویش بر خاک هستی می‌گذاریم.
ذهن را با نیروی تاب‌آوری آرام می‌سازیم تا دوباره جوان شود؛
تا زن، از نو برخیزد: صبور، شجاع، و بخشنده.
او می‌آموزد اندکی فراموش کند، بسیار بیافریند،
تا ردّ پایش را دخترانش دنبال کنند.
زیرا هرگاه زنی تغییر کند،
جهان با او دگرگون می‌شود.

این نقاشی الهام گرفته از بانوی خفته است در صفحه ۳۸ است

نام اثر "یینگ و یانگ" کاری از کتابیون شیرزاد

جلد دوم

در آغوش آفتاب و ماه در میان دو سپهرِ نور، زن و مرد در آغوش هم، به خوابِ وحدت فرو رفته‌اند. او، بازتاب خورشید؛ و او، سایه‌ی ماه. میان‌شان پرده‌ای‌ست از مهِ روح، نازک‌تر از خیال و شفاف‌تر از عشق. زمین در ریشه‌شان می‌تپد، آسمان در نگاهشان می‌درخشد، و پرندگان، سرود وصال را بر بالِ نسیم می‌خوانند. اینجا مرز میان جسم و جان، محو در آغوشِ هستی‌ست.

در این تابلو، مفهوم یین و یانگ

«دو نیروی جاودانهٔ مادینه و نرینهٔ هستی» بازتاب یافته است؛ نیروهایی که در فلسفهٔ ذن و تائوئیسم، رمز تعادل و هماهنگی جهان‌اند.

یین، سایه و سکون است؛ تاریکیِ زمین، آرامش شب، و سرمای زمستان.

یانگ، روشنایی و جنبش است؛ تابش خورشید، تپش روز و گرمای تابستان.

اما هیچ‌کدام به‌تنهایی معنا ندارند.

هرگاه یین به اوج خود می‌رسد، در دلش جوانه‌ای از یانگ می‌روید، و چون یانگ به نهایت درخشش خود رسد، در درونش دانه‌ای از یین نهفته است. این چرخش جاودانه، راز تداوم حیات است.

در حقیقت، هیچ چیز در عالم کاملاً تاریک یا کاملاً روشن نیست؛ زیرا حتی در ژرف‌ترین شب، نوری می‌تپد، و در درخشان‌ترین روز، سایه‌ای آرام می‌نشیند. تعادل، آن لحظه‌ی مقدسی‌ست که این دو در آغوش هم می‌خوابند و جهان را می‌آفرینند.

نقش پدر در اجتماع

مقدمه

ز آن‌جا که در سال‌های کودکی و نوجوانی‌ام، سایه‌ی پدر ـ زنده‌یاد برزو شیرزاد ـ به سبب بیماری رو به افول نهاد و سرانجام در شانزده‌سالگی‌ام از جهان خاکی رخت بربست، تمامی فعالیت‌های اجتماعی و سیاسی ایشان در روزگاری رخ داد که من هنوز در آستانه‌ی شناخت جهان ایستاده بودم. از این‌رو، چشم من شاهد مستقیم آن وقایع نبود و حافظه‌ام از آن سال‌ها، بیش از هر چیز، به سکوت‌ها و فقدان‌ها گره خورده است.

با این همه، کشش درونی و عطش شناخت، مرا در سال‌های اخیر به جست‌وجویی پیگیر و ژرف برای بازشناسی سیمای واقعی پدر کشانده است؛ جست‌وجویی برای گردآوری روایت‌ها، نشانه‌ها و آگاهی‌های دقیق از زندگی و اندیشه‌های او. از لابه‌لای گفته‌ها و شهادت‌ها، چهره‌ی مردی رخ می‌نماید هوشمند، یاری‌گر، دردمندِ مردم، و کنشگری ملی و میهنی که دل در گرو سرنوشت جامعه‌ی خویش داشت.
آنچه در پی می‌آید، حاصل این کاوش و شنیدن است؛ گزارش‌هایی شهودی که نه مدعی داوری نهایی‌اند و نه در پی اسطوره‌سازی، بلکه تلاشی‌اند برای نزدیک

شدن به حقیقت انسانی که نامش در خاطره‌ی جمعی دیگران زنده مانده است. شما را دعوت می‌کنم به تأمل در این روایت ها.

گزارش اول

مطلب پایین بخش کوچکی از خدمات و زحمات پدربزرگم بزرگ خاندان شیرزاد کبریا بود که از دوران حیات پربارش بر جای مانده است و این حقیر به توصیه عمه‌ام بانو کتایون شیرزاد کبریا در توصیف و شرح بیوگرافی و حیات پُربار زنده‌یاد برزو شیرزاد کبریا به رشته تحریر درآوردم.

با درود به روان پاک و روح بزرگ همه مبارزان راه آزادی

این متن به منزله‌ی ادای دِینی به پدربزرگ آزاد اندیشم زنده‌یاد برزو شیرزاد کبریا و به جهت ثبت در تاریخ و درج در کتاب عمه خردمند و فرهیخته‌ام بانو کتایون شیرزاد کبریا از سوی این حقیر برزو شیرزاد کبریا نوه پسری آن مرد بزرگ به رشته تحریر درآمده است. در بررسی و کنکاش احوال افراد و اشخاص اول نکته‌ای که

جلد دوم

باید به آن توجه داشت شرایط زیست، آموزش و تربیت و بن‌مایه‌های فرهنگی و آموختاری فرد موردنظر است. با توجه به این اصل مهم باید به رفتارشناسی افراد و شخصیت‌ها پرداخت. با توجه به گستردگی جمعیتی و فرهنگی و جغرافیای خاندان بزرگ شیرزاد کبریا و نظرات مختلف و گوناگون در مورد زیست و حیات پدربزرگم نکوتر آن است که از سروران و مخاطبین عزیز تقاضا کنم در قضاوت و آنالیز رفتار و کنش‌های فردی و اجتماعی ایشان در طول زندگی پربارش شرایط زمانی و مکانی، تحولات سیاسی، اجتماعی و اقتصادی از واپسین روزهای سلطنت قاجار تا به سلطنت رسیدن رضاشاه پهلوی و در امتداد آن اشغال شمال و جنوب ایران از سوی قوای روس و انگلیس و جریان شهریورماه ۱۳۲۰ و خلع رضاشاه از سلطنت و به قدرت رسیدن محمدرضا پهلوی تا واپسین روزهای عمر گرانمایه پدربزرگم را با دقت نظر و مطالعه اَهَم رخدادها در نظر بگیرند و پدربزرگم در واپسین سال‌های حکومت قاجار در شرایطی که کشور دچار قحطی و فقر و عصیان و سرکشی خوانین محلی و والیان ولایات بود، دیده به جهان گشود و در فضای مالامال از تنش و بحران رشد نمود؛ با توجه به هوش ذاتی سرشار در کسب ثروت و درک صحیح شرایط اقتصادی بی‌پروا مشاغل مختلف را برای کسب درآمد بیشتر آزمود که شرح آن در حوصله این گفتار نمی‌گنجد.

فعالیت او در همه مشاغل و حرفه‌ها موجبات شناخت کافی از همه طبقات اجتماع آن روز ایران را برای ایشان میسّر کرده بود و در سایه همین شناخت و آگاهی روابط ویژه و صمیمانه‌ای با افراد و اشخاص در هر سطح و رتبه اجتماعی برقرار کرده بود. از جمله فعالیت‌های ایشان پرورش دام در سطح وسیع، کشاورزی و تجارت چوب و الوار را می‌توان نام برد. پس از فرمان تاریخی رضاشاه پهلوی

مبنی بر تأسیس راه آهن سراسری شمال جنوب و ورود شرکت‌های آمریکایی و اروپایی و تشکیل کنسرسیوم خط آهن برای ارائه طرح‌های برتر جهت ساخت هر چه سریع‌تر راه آهن شمال و جنوب، الوار و تراورس به عنوان یک عنصر حیاتی در پیشبرد ساخت هر چه سریع‌تر خط آهن جلوه‌گر شد، شرکت‌های پیمانکار برای مرتفع نمودن نیاز خود به این عنصر حیاتی دست به دامان خوانین محلی و ملاکین بزرگ شدند. در این میان زنده‌یاد برزو شیرزاد کبریا که در خریدوفروش چوب و الوار تجربیات ارزنده‌ای داشتند، دست به انعقاد قراردادهای طویل المدت با کنسرسیوم خط آهن زدند و در پی آن سال‌ها به تامین الوار مورد نیاز شرکت راه آهن پرداختند و این روند تا سال‌های منتهی به شهریور ۲۰ امتداد یافت.

پس از اشغال ایران از سوی قوای متفقین کلیه قراردادهایی که بین کنسرسیوم خط آهن و شرکت‌های تابعه با اشخاص و چهره‌های معتمد و ذی‌نفوذ منعقد گردیده بود به حالت تعلیق درآمد و این چهره‌ها از جمله پدربزرگم دچار ضرر و زیان جبران ناپذیری گردیدند، پس از خلع رضاشاه پهلوی از سلطنت در آبان ماه ۱۳۲۰ در حالی که فضای ایران مملو از آشوب، هرج و مرج بود و عملاً در خلاء سیاسی ناشی از نبود یک قدرت منسجم در مرکز موجبات دست اندازی و دخالت روس و انگلیس بر تصمیم‌گیری‌های کلان کشور شده بود؛ در چنین فضایی اکثر چهره‌های سیاسی و نظامی و تجار بزرگ در حال نزدیک شدن به شاه جوان تازه بر تخت نشسته بودند و از هیچ حیله و دسیسه‌ای برای کسب منافع بیشتر از حکومت تازه تأسیس فروگذاری نمی‌کردند. برزو شیرزاد کبریا با طرح شکایتی از کنسرسیوم خط آهن و شخص رضاشاه پهلوی با شهامت و جسارت مثال زدنی و بدون هراس از عقوبت و مجازات پیگیر مطالبات مالی و قانونی به حق خود شد، او در نامه‌ای به رئیس الوزراء و در دادخواستی دیگر که خطاب به

جلد دوم

ریاست مجلس شورای ملی وقت تنظیم شده بود درخواست پرداخت سریع‌السیر مطالبات معوق و غرامت قانونی خود از کنسرسیوم خط آهن و پادشاه مخلوع را کرده بود که اسناد آن امروزه به عنوان سند تاریخی در موزه اسناد مجلس شورای اسلامی در ردیف اسناد طبقه‌بندی شده موجود است.

شخصیت شجاع، متکی به نفس، در کنار منش حق طلبی پدربزرگم همگان را بر این داشته بود که در موقعیت‌های خطیر برای حل مشکلات خود به او رجوع کنند، پیرو همین سیره بسیاری از خانواده‌های بی‌بضاعت که به واسطه اشغال کشور از سوی قوای بیگانه در فقر مطلق به سر می‌بردند و از گسیل جوانان خود به خدمت نظام در هراس بودند برای تأمین هزینه خرید خدمت نظام یا معافیت به پدربزرگم مراجعه می‌نمودند تا برزو شیرزاد کبریا با نفوذی که در دستگاه‌های اداری و نظامی دولتی داشت در امر معافیت فرزندان خانواده‌های بی‌بضاعت گشایشی ایجاد کند، در بسیاری از موارد پدربزرگم مبلغ خرید خدمت نظام را که پرداخت آن از عهده خانواده‌های بی‌بضاعت خارج بود، می‌پرداخت و؛ پس از شهریور ۱۳۲۰ و به سلطنت رسیدن محمدرضا پهلوی فضای باز سیاسی در کشور شکل گرفت و احزاب و گروه‌های مختلف در سایه این آزاداندیشی و مشی دموکراتیک شاه جوان آزادانه دست به فعالیت و تحرکات سیاسی و اجتماعی زدند.

شاخص‌ترین این گروه‌ها حزب توده ایران و گروه اسلام‌گرای رادیکال فدائیان اسلام به رهبری یک روحانی تندرو به نام نواب صفوی بودند. فعالیت این گروه‌ها و احزاب در دهه‌های ۲۰، ۳۰ و ۴۰ به قدری چشمگیر و آزادانه بود که این احزاب و گروه‌ها به چاپ نشریات و جراید و هفته نامه‌ها و برگزاری برنامه‌های زنده رادیویی مبادرت می‌ورزیدند.

اما تحرکات این احزاب در همین محدوده خلاصه نمی‌شد بلکه آنها شروع به فعالیت و تبلیغات وسیع در محیط‌های کلونی کارگری و دهقانی نظیر کارخانجات و روستاها و قصبات کردند، در این میان مناطقی مانند شیرگاه و شاهی که از کارخانجات متعددی مانند کارخانجات اشباع الوار (تراورس) و کارخانجات عظیم نساجی برخوردار بودند از تبلیغات سوء حزب توده بی‌نصیب نماندند. کارگرانی که روزگاری در عهد شاهان قاجار در فقر و فلاکت و انواع بیماری‌های واگیر به سر می‌بردند با همت و پشتکار و حس وطن پرستی رضاشاه پهلوی حالا در کارخانجاتی مدرن مشغول به کار و فعالیت شده بودند و با اتکا به دستمزد و درآمد حاصل از کار و فعالیت و سهیم شدن در امر خطیر تولید از سطح رفاه و زندگی ایده‌آلی برخوردار شده بودند، در چنین فضایی عناصر حزب توده با الگوبرداری از انقلاب اکتبر ۱۹۱۷ در روسیه دست به تبلیغات گسترده و فراگیر در میان کارگران کارخانجات منطقه سوادکوه و شاهی زدند و کارگران را به اعتصاب و شورش علیه کارفرمایان و حکومت محمدرضاشاه پهلوی و دهقانان را به نافرمانی از دستورات مالکین تشویق نمودند.

در این ایام پدربزرگم که از سال‌های دور روابط خوبی با خاندان پهلوی برقرار کرده بود و حتی به واسطه ازدواج با مادربزرگم بانو شمسی شاهرخی با دودمان پهلوی قرابت فامیلی هم پیدا کرده بود به عنوان نماینده عالی شاه در امور چوب و الوار در میان تمامی مردم منطقه شناخته می‌شد و همین دوستی و صمیمیت دیرینه با دودمان پهلوی عناصر جذب توده را که به طور مستمر و گسترده مشغول فعالیت، عضوگیری و تبلیغ مانیفست خود در سندیکاهای کارگری و محیط‌های دهقانی بودند را وادار به طرح و اجرای توطئه حذف فیزیکی پدربزرگم نمود. برزو شیرزاد کبریا که سالیان دراز تمام عزم و اراده و تجربه خود را وقف پیشبرد اهداف

جلد دوم

بزرگ و ایران ساز دودمان پهلوی برای پیشرفت و توسعه اجتماعی و رفاه اقتصادی ایران کرده بود حال به مثابه خاری در چشم عناصر کمونیست نشسته بود.

در نهایت این عناصر در شبی سرد و بارانی و وقتی که پدربزرگم به تنهایی در حال تردد از روی پلی بود با ضربات متعدد دشنه او را از پای درآورد و بدن نیمه جانش را به رودخانه‌ای خروشانی که از زیر پل می‌گذشت؛ انداختند. زنده‌یاد پدربزرگم که مردی نیرومند بود در مواجهه با امواج خروشان رودخانه با اندک قوای به جا مانده در بدنش خود را به کنار رودخانه رساند و در نهایت هوش از کف داد، یکی از روستاییان که در حال گذر از آن نقطه بود ساعت‌ها بعد پیکر نیمه جان او را که غرق در خون بود یافت و با کمک دوستان و مقربان به درمانگاه رساند اما به سبب وخامت حال پدربزرگم به صورت فوری به بیمارستان شیر خورشید شاهی اعزام شد اما در آنجا ریاست بیمارستان که خود از عناصر فعال حزب توده بود قصد اتمام کار نیمه تمام عناصر قبلی حزب را داشت که با هوشیاری اقوام و مقربان این توطئه نیز خنثی شد و برزو شیرزاد کبریا به بیمارستانی در بابل انتقال یافت و در آنجا با طی مراحل طولانی درمان مداوا شد اما تا زمان پایان حیات مفیدش آثار زخم‌های ایدئولوژی را بر بدن داشت.

زنده‌یاد برزو شیرزاد کبریا یکی از مجریان طراز اول طرح اصلاحات اراضی محمدرضاشاه پهلوی در منطقه سوادکوه و بابلکنار بود او که خود از ملاکین بزرگ منطقه و نماینده عالی شاه در منطقه بود تمام تلاش و کوشش خود را برای اجرای کامل و بدون نقص این فرمان و تقسیم عادلانه زمین در میان دهقانان به کار برد. در روز تاریخی اجرای این فرمان در منطقه بابلکنار او سخنرانی قراء و شیوایی در توصیف فواید طرح اصلاح اراضی محمدرضاشاه برای مردم منطقه کرده بود که هنوز در خاطر مردم منطقه برجا مانده است.

پارسوا

او که نماینده عالی در امور تقسیم اراضی بین رعایا بود بدون هیچ درنگ و تردیدی به شهادت مردم منطقه نهایت کوشش خود را برای اجرای این طرح به کار گرفت.

با درود و سپاس بی‌شمار به عمه نازنین و فرهیخته‌ام بانو کتایون شیرزاد کبریا و آرزوی اقتدار و سربلندی برای خاندان بزرگم شیرزاد کبریا.

برزو شیرزاد کبریا

۲۸ مهرماه یکهزار و چهارصد و چهار

برزو شیرزاد

جلد دوم

مجلس شورای ملی

اداره تقنینیه ـ دائره دبیرخانه

گردش بهمن تقنینیه

تاریخ و شماره دفتر نماینده ۶۱۴۱

تاریخ رسیدن بدبیرخانه و خلاصه کردن ۲۰/۸/۱۱

شماره اخیر سابقه ندارد مرجع رسیدگی کمیسیون عرایض

خلاصه عریضه

آقای [illegible] ساکن [illegible] از [illegible] نوشته است که

[illegible] مقداری چوب برای مصرف ... تقاضا داشته ... شرکت چوب ... و قیمت آن پرداخته ... استدعای رسیدگی دارد

دستور کمیسیون عرایض و مرخصی

جلسه بتاریخ ۱۷/۸ ماه ۱۳۲۰ [illegible]

مقام منیع حضرت ... نخست‌وزیر ... وزارت دادگستری

[illegible]

۲۰/۷/۲۹

۶۱۴۱

۲۰/۸/۵

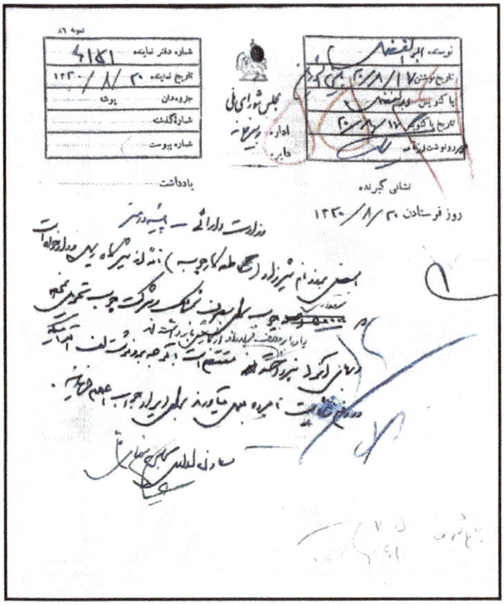
نمونه ۸۶
شماره دفتر نماینده ۴۱۸۱
تاریخ نماینده ۳۰ / ۸ / ۱۳۲۰
جزوه‌دان
پوشه
شماره گذشته
شماره پیوست
مجلس شورای ملی
اداره
دایره
نویسنده
تاریخ نوشتن ۲۰/۸/۱۷
پاکنویس
تاریخ پاکنویس ۱۷ / ۸ / ۲۰
رونوشت از نامه
یادداشت
نشانی گیرنده
روز فرستادن ۳۰ / ۸ / ۱۳۲۰
وزارت دارائی — پیشه و هنر

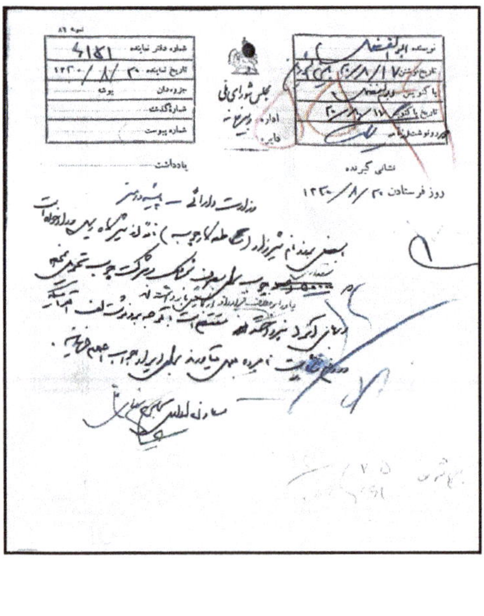
نمونه ۸۶
شماره دفتر نماینده ۴۱۸۱
تاریخ نماینده ۳۰ / ۸ / ۱۳۲۰
جزوه‌دان
پوشه
شماره گذشته
شماره پیوست
مجلس شورای ملی
اداره
دایره
نویسنده
تاریخ نوشتن ۲۰/۸/۱۷
پاکنویس
تاریخ پاکنویس ۱۷ / ۸ / ۲۰
رونوشت از نامه
یادداشت
نشانی گیرنده
روز فرستادن ۳۰ / ۸ / ۱۳۲۰
وزارت دارائی — پیشه و هنر

جلد دوم

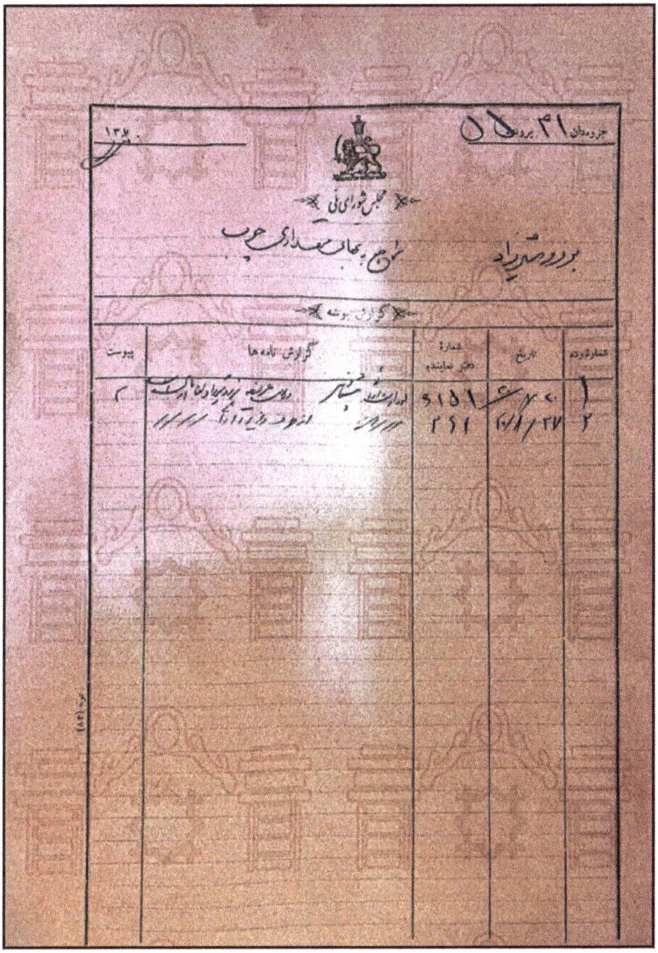

جزوه‌دان ۴۱ پرونده ۵۱

۱۳۲۰

مجلس شورای ملی

برزو شیرزاد [illegible]

گزارش پوشه

پیوست	گزارش نامه ها	شمارهٔ دفتر نماینده	تاریخ	شماره ورود
۲	[illegible]	۵۱۵۱	۲۰/۶	۱
	[illegible]	۲۶۱	۲۷/۱/۱۰	۲

پارسوا

کاری از کتایون شیرزاد

نام اثر: بر آستان حضور / At the Thrshold of Presence

لحظه‌ای‌ست میان خاک و نور؛
آن‌گاه که انسان، دست گشوده و دل تهی،
نه طلب می‌کند و نه می‌گریزد،
بلکه در سکوتِ روشنِ حضور
ایستاده است.

گزارش دوم

از کبریا تا کبریا

این روز، یک روز معمولی نبود. روستا حال‌وهوای دیگری داشت. همه در جنب‌وجوش بودند. امّا هیچ‌کس شاد نبود. چهره‌ها دُژم و خُلق‌ها تنگ! جمعیّت به آرامی به سوی تِس‌کَشت[1] روان بود. درست به مانند رودی که به دریا بریزد. کم‌کم دیگر روستاهای بابل‌کنار با مردم کبریاکلا هم آوا شدند. مالکین دستپاچه از یکپارچگی مردم، سعی داشتند غائله را خاتمه دهند. آنها با نمایندگان کشاورزان وارد مذاکره شدند امّا به نتیجه‌ی قابل قبولی نرسیدند به همین دلیل از ارتش تقاضای کمك کردند.

توسکادشت، چمنزاری وسیع که با ردیف‌های درهم فشرده و سربه فلک کشیده توسکا محاصره شده بود و در اتفاقات مهم میعادگاه مردم بود. جمعیّت موج می‌زد. این تجمع خبر از وقوع واقعه‌ای مهم داشت. جمعیّت منتظر بود و همه چشم به مدخل ورودی داشتند. بالاخره انتظار به سر آمد. یلی سوار بر اسب، خوش‌لباس، خوش‌قیافه و بلند قامت مهمان چشمان تماشاچیان شد. موهای سر را با دقت به

۱- توسکادشت. منطقه‌ای در کبریاکلا بابل

عقب شانه کرده بود. همین امر پیشانیش را بلندتر جلوه می‌داد. صورت نو تراشش در زیر آفتاب می‌درخشید. ساعت نقره جیبی‌اش که فقط زنجیرش پیدا بود، باعث تمایز بیشتر او از بقیه مردم می‌شد. اسب اصیل ترکمن نژادش از بدو ورود با دیدن جمعیّت لحظه‌ای ایستاد و بعد روی پاهایش بلند شد و شیهه کشید. معلوم بود که او نیز از ازدحام جمعیّت غافل‌گیر شده است. سوار با کفش‌های چرم براق و نوک تیزش به آرامی به پهلوی اسب ضربه‌ای زد و هم‌زمان یك دور افسار اسب را به دور انگشتان کشیده و خوش‌فرمش پیچاند و به آرامی اسب را به جلو راند. یاران وفادارش به دورش حلقه زده و همانند نگینی او را در میان داشتند.

پسران آقاجان و پسران دلارا، کشتی‌گیر قُدّر روستا، این‌ها محافظین و یا به‌قول امروزی‌ها بادی‌گارد او بودند، جوانانی برومند، پهلوان، خوش‌نام و زحمت‌کش. این دلاور مردان از کسی محافظت می‌کردند که همیشه در مقابل زورگویی‌های مالکین می‌ایستاد. او ذاتاً رهبر خلق شده بود!

هلهله و دست‌زدن‌های مردم آنی قطع نمی‌شد. فریاد **زنده‌باد شیرزاد! زنده‌باد شیرزاد!** طنین‌انداز شد. برزو شیرزاد با وقار و متانت ذاتی و با تبسّمی کم‌رنگ از جلوی جمعیّت گذشت و به جایگاه اصلی رسید. از اسب پیاده شد. در این قسمت تخته سنگ بسیار بزرگی قرار داشت. شاید باید گفت صخره!

جوانی انگشتانش را داخل هم فرو برد و آن را برای شیرزاد رکاب کرد. شیرزاد با یك جهش خود رابه بالای تخته سنگ رساند. با آرامش و طمأنینه نظری به چپ و راست انداخت و در یك نگاه گذرا جمعیّت را از نظر گذراند. نظمی به افکارش داد و شمرده و سلیس این‌گونه شروع کرد:

«مردم شریف کبریاکلا! مسئله‌ای که باعث تشکل و گردهمایی شما شده قانون سیاه مالیات است. زندگی مشقّت بار و فقر روزافزون، درد مشترک همه‌ی ماست که این

مهم به ما آموخته تا در کنار هم باشیم. نباید منتظر بود تا فرشته‌ی عدالت از آسمان فرود آید و ما را از سیه‌روزی نجات دهد. نباید انتظار معجزه داشته باشیم بلکه باید خودمان معجزه خلق کنیم!

او لحظه‌ای مکث کرد و نگاهی عمیق به جمعیّت انداخت. شاید به دنبال تأثیر کلامش در چهره آنها بود. سپس ادامه داد: به دلیل امتناع شما از پرداخت مالیات، مالك درخواست نیرو کرده و از فردا روستای ما در اشغال نظامی قزاق‌ها خواهد بود. اگر در کنج خانه بنشینید و آرزوی مرگ آنها را بکنید، مرگ آنها دردی از ما دوا نخواهد کرد چون عده‌ای دیگر جای آنها را می‌گیرند. تنها راه چاره مبارزه است مبارزه! فردا همه از خانه‌هایتان بیرون بیایید و با آرامش، تأکید می‌کنم با آرامش اصلاح نظام مالیاتی را خواستار شوید. باید از خشونت بپرهیزید و برای احقاق حق خود که تقلیل مالیات از هشت خروار به چهار خروار یعنی نصف مقدار مصوبه است و نیز حذف کامل مالیات امسال پایمردی به خرج دهید.»

بیشتر از دو ساعت بدون خستگی، گیرا، قاطع و قابل فهم برای آنها حرف زد. یکی از علل نفوذ شیرزاد در روستائیان به خاطر روانی کلامش بود. همیشه مالکین زورگو از زبان تند و آتشین او هراس داشتند. مادرش مشتری بود. زنی بی‌همتا و بی‌نظیر! بانویی که بی‌شمار ابیات ملی- مذهبی را در ذهن خود به ذخیره داشت! چنان مادری را چنین پسری بایسته بود!

در انتها سخنانش را با این جمله به پایان برد: «شیران کبریا! اگر قرار است از گرسنگی و فقر آرام‌آرام بمیریم و مرگی تدریجی داشته باشیم، همان بهتر که همه یکباره بمیریم!»

غریو تحسین و تصدیق از هر سو چون دانه‌های باران باریدن گرفت. آنچنان انرژیی از جمعیّت ساطع شد که حتی برگ‌های درختان توسکا به لرزه درآمدند!

نیمروز فردا، صدای نعل اسبان بر سنگ‌فرش‌های روستا وحشت در دل می‌انگیخت امّا مردم از کلمات آتشین دیروز شیرزاد چنان شرری در قلب خود به ودیعه داشتند که هیچ چیزی قادر به سرد کردن آن نبود. آنها تا سرحد مرگ خسته بودند، خسته از فقر، خسته از ظلم! مردم فقط از یك چیز می‌ترسیدند، ترس از گرسنه ماندن بچه‌ها!

روستا در اِشغال مردان مسلح بود. آنها آمده بودند تا به هر قیمتی که شده از مردم مالیات بگیرند امّا مالیات را از داشته می‌گیرند نه از نداشته! و مردم نیز عزمشان را جزم کرده بودند تا از دادن مالیات خودداری کنند. تقریباً همه آمده بودند. قرارگاه همیشگی آنها توسکادشت بود.

تعداد اندکی از افراد محتاط مرتباً تکرار می‌کردند: مُشت با دُرشت نمی‌شود! امّا روستائیان دردمندتر از آن بودند که به مصلحت بیاندیشند! آنها چون آب جمع شده در پشت سد بودند که فقر و درماندگی این سد را شکسته بود!

هیچ‌کس، هیچ‌کس تماشاچی نبود. زن‌ها، دردمند و جان به لب رسیده، جلوی صف قطار شدند با منتهای شجاعت! مسن‌ترها چادرشب را که در حکم چادر و حجاب بود به دور کمر بسته و جوان‌ترها چادر به سر کرده، باله‌های آن را ضربدری از روی سینه رد کرده و در پشت گردن گره زدند؛ امّا گره اصلی مشت آنها بود! با تا کردن و باز کردن آرنج، مشت‌های خود را رعدآسا در هوا فرود می‌آوردند و ناله‌های در سینه خفه شدهٔ خود را با این شعار تبدیل به فریاد کرده بودند:

با محصول هفت خروار   مالیات دمبی[1] هشت خروار

بعد از خیل عظیم زن‌ها و مردها در پشت سرشان ردیف شده بودند. فقط شیرزاد و چند تن از همراهانش پیوسته در دو طرف خط طولی جمعیت در حرکت بوده و با

۱- می‌دهیم

حرف‌های خود مردم را تهییج می‌کردند. فرمانده دستور داد تا در مقابل چشم زنان تفنگ‌ها را پر کنند و با این نمای سعی در ترساندن آنها داشت؛اما این حرکت بر شدت بحران افزود و زن‌ها فریادعلی یا سردادند: علی یا علی! علی یا علی!

ماشه‌ها چکانده و چند تیر هوایی خالی شد اما احدی عقب‌نشینی نکرده وبه دنبا آن گلوله‌ها شلیک شد. جمعیت چون درختان صاعقه زده خشک شده بود و آنچه را که می‌دید باور نداشت. لحظه‌ای سکوت حاکم و به ناگاه بهت آن‌ها با صدای ضجه‌ای شکسته شد. اولین گلوله به **بلبل** دختر دلارام اصابت، و او را نقش زمین کرد. خواهرش گُل‌گُل به او گفت:

بلبل جان! بلند شو! چیزیت که نشده؟ شده؟ کجات درد می‌کنه؟ اما نگاه بلبل خالی از هر احساسی بود. آخرین انقباض‌های احتضار و چشمان دوخته شده به سقف آسمان نیلگون! گُل‌گُل در گل نشست! دیدن پیکر خون‌آلود خواهر، دل‌شکن بود! **بلبل اولین زن شهید در راه مبارزه با قانون سیاه مالیات بود!**

گلوله بعدی بر پای ماندگار نشست: زنی لاغر و رنگ پریده، بدن ضعیف او کجا طاقت گلوله داشت؟

ماهیچه‌ی پشت پایش کاملاً کشیده شد و تا آخر عمر چاله‌ای در پسِ پایش به یادگار داشت!

در چنین مواقعی انسان به طور ارادی فرار می‌کند اما عجیب‌ترین واقعه رقم خورد، شیرزنان و شیرمردان کبریا به جای خالی کردن میدان به سمت نظامیان یورش برده و تعدادی از آنها را به گروگان گرفتند! به دلیل وخامت اوضاع فرمانده نظامیان دستور عقب‌نشینی داد و به دنبال آن بلافاصله جلسه‌ای در پاسگاه محل با حضور گیس سفیدان، ریش‌سفیدان و نمایندگان مردم کبریاکلا و عوامل

وصول مالیات تشکیل دادند. نمایندگان مردم بار دیگر اصلاح نظام مالیاتی را خواستار شدند و آزادی گروگان‌ها را منوط به خواسته‌ی برحق خود دانستند.

فرمانده و نمایندگان وصول مالیات چون راه گریزی نداشتند ناگزیر شرایط را پذیرفتند و متعاقب آن گروگان‌ها آزاد شدند.

فردای آن روز پیشکار، حکم جدید مالیات را که چهار خروار در هکتار و بخشودگی مالیات آن سال یعنی ۱۳۲۱ بود را بدست کدخدای کبریاکلا داد.

و اینگونه خون به ناحق ریخته بلبل بر زمین‌های فقرزده‌ی روستایمان به بار نشست و حماسه‌ای که خلق شد چون برگ زرّینی در دفتر پایمردی مردمانِ کِبریاکلا ثبت گردید[1]!

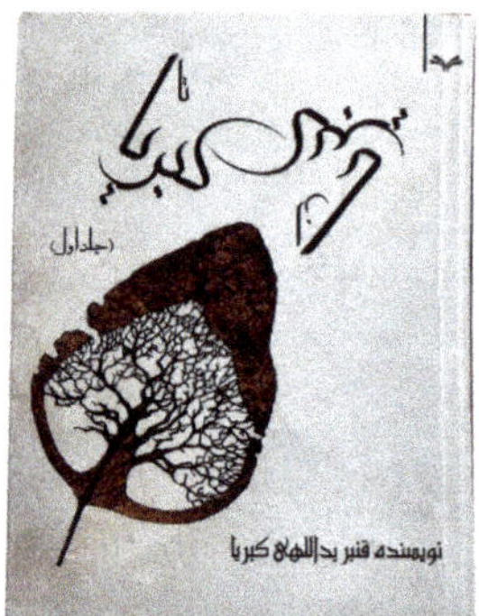

۱-قبر غریبانه بلبل بی صدای روستایمان، چشم به راه دستان غریب نواز و یاری رسانی است تا از خون سرخ او، جوانه‌های سبز برویاند!

گزارش محلی

گزارش سوم:

زنده یاد برزو شیرزاد:

به نام خداوند جان و خرد
کز او برتر اندیشه برنگذرد

اینجانب اسماعیل یوسفی کبریا، فرزند کربلایی آقا کبریا و بانو طاووس جلودار گتابی، بخشی از خاطرات و مشاهدات خود را در خصوص شخصیت زنده‌یاد و جاویدنام برزو شیرزاد، فرزند زنده یادان مشتری و آقاشیر - که در میان اهالی به «اردشیر کتابی» نیز شناخته می‌شد - به درخواست بانو کتایون شیرزاد، ثبت و ارائه می‌کنم.

من، بر اساس شناسنامه، متولد سال ۱۳۳۰ هستم.

از هفت‌سالگی که پای به دبستان گذاشتم، رفتارها و حرکات برزو شیرزاد در ذهنم نقش بست. علت این ماندگاری را می‌توان در شخصیت ناسیونالیستی و روحیه

مردمی و حمایت بی‌دریغ او از محرومان دانست. او شخصیتی بسیار مردمی بود و برای اهالی بابل‌کنار، به‌ویژه زادگاهش کبریاکلا، زحمات فراوانی کشید.

مبارزه علیه مالیات سنگین:

در دهه‌ی ۱۳۲۰ تا ۱۳۳۰، مردم کبریاکلا از فشار مالیات هشت‌خرواری به ستوه آمده بودند. در این میان، بانو طاووس جلودار گتابی - مادر من - به‌عنوان پیشگام و رهبر زنان روستا، با شجاعت دست به اعتراض و قیام زد. این حرکت به کشته‌شدن بانو بلبل و زخمی‌شدن بانو ماندگار انجامید، اما در نهایت با کاهش مالیات، به ثمر نشست. نقش برزو شیرزاد در این رخداد، هدایت معترضان از پشت صحنه بود.

حمایت از کشاورزان:

خاطره‌ی دیگری که در ذهنم ماندگار است، مربوط به اعتراض کشاورزان کبریاکلا علیه خان‌های گاوانکلا برای تأمین آب شالیزارها بود. زنده‌یاد شیرزاد حتی شب‌ها به خانه‌ی روستاییان می‌رفت و راهنمایی‌شان می‌کرد که چگونه در برابر نمایندگان دولت ایستادگی کنند.

روایتی از نعمت محمودی:

مرحوم کربلایی نعمت محمودی - کدخدای کبریاکلا در دهه‌ی ۱۳۳۰ تا ۱۳۱۵ - در سال ۱۳۶۴ برایم تعریف کرد که برزو شیرزاد شخصیتی منحصربه فرد داشت. به ظاهر با خاندان شاهروخی روابط خوبی نشان می‌داد، اما در باطن، همسو و همدل کشاورزان و مردم محروم بود. او تمام وقتش را صرف مردم و دیار خود می‌کرد. به گفته‌ی محمودی، شاهروخی‌ها برای ساکت‌کردن او، خواهرشان را به همسری‌اش درآوردند؛ اما حتی این پیوند خانوادگی نیز باعث نشد مردم‌دوستی او کم‌رنگ شود. او ارزش مردم را بیش از هر چیز می‌دانست و بیشتر وقت خود را در زادگاهش، کبریاکلا، می‌گذراند، حتی پس از مهاجرت به شیرگاه و بابل در دهه‌ی ۱۳۴۰ و ۱۳۵۰.

ویژگی‌های شخصیتی:

برزو شیرزاد را می‌توان هم مشروطه‌خواه و هم ناسیونالیست واقعی دانست. هرگز ندیدم از فقر یا ناامیدی سخن بگوید. طبعی بزرگ، منشی والا و زبانی سخنور داشت. در برابر خان‌ها هرگز کوتاه نمی‌آمد و شجاعانه از حق مردم دفاع می‌کرد.

من که همواره شیفته‌ی چنین انسان‌ها و اندیشه‌هایی بوده‌ام، خاطرات او را هرگز فراموش نخواهم کرد.

ارادتمند

اسماعیل یوسفی کبریا

جلد دوم

بزرگداشت میراث کتایون شیرزاد

در یک گردهمایی گرم و صمیمی در وست ونکوور، خانواده، دوستان و چهره‌های فرهنگی گرد هم آمدند تا از تأثیر ماندگار کتایون شیرزاد بر ادبیات، جامعه ایرانیان مهاجر و فعالیت‌های اجتماعی او تجلیل کنند. این مراسم که به میزبانی «پارسوا شیرزاد» و «مهرداد فرخ‌منش» برگزار شد، فرصتی بود برای بازتاب زندگی و میراث شیرزاد، نویسنده، مجسمه‌ساز و فعال اجتماعی که با قلم و تلاش‌های مدنی خود، پلی میان نسل‌ها و فرهنگ‌ها ساخت.

در روز رونمایی، کلام شاعرانه‌ی آقای سرشار مرا به «ضیمران» پیوند زد. او با واژه‌هایش تصویری آفرید که در آن، جان من در آغوش بید معلق، به سوی آفتاب بال کشید. و در میان نگاه‌ها، شعری خواند که همچون رشته‌ای از نور، به قلبم نشست:

پارسوا

سخنان افتتاحیه و معرفی کتاب

مراسم با سخنان مهرداد فرخ‌منش آغاز شد که با خوش آمدگویی به حضار، به اهمیت گردهمایی‌های فرهنگی و نقش داستان‌سرایی در زندگی مهاجران اشاره کرد. او بر این نکته تأکید کرد که کتاب‌ها و نوشته‌های کتایون، فراتر از خاطرات شخصی، روایتگر تجربیات مشترک بسیاری از مهاجران است که در جستجوی هویت و تعلق خاطر هستند.

سپس پارسوا شیرزاد درباره‌ی جدیدترین کتاب مادرش، سنگ‌هاسخن می‌گویند، صحبت کرد و بخشی تأثیرگذار از آن را خواند:

"باید خودم را دوست داشته باشم و از زندگی‌ام راضی باشم تا بتوانم کس دیگر را دوست بدارم."

او توضیح داد که این جمله بازتابی از فلسفه‌ی مادرش در مورد خودشناسی، عشق به خویشتن و توانمندسازی فردی است، ارزش‌هایی که در زندگی و فعالیت‌های او به روشنی دیده می‌شدند.

در بخش بعدی، متنی شاعرانه در تجلیل از استقامت و قدرت کتایون توسط پورس شیرزاد، دختر کتایون خوانده شد. این متن داستان زنی را روایت می‌کرد که با وجود جنگ، مهاجرت، فقدان و چالش‌های زندگی، همچنان ایستادگی کرده و راهی برای الهام‌بخشی به دیگران یافته است. در این شعر، او به درخت سروی بلند تشبیه شد که در برابر طوفان‌های زندگی پابرجا می‌ماند و در عین حال، سایه و پناهگاهی برای دیگران فراهم می‌کند.

جلد دوم

شعر از پورس شیرزاد:

قد برافراشت

در میان طوفان‌ها و سایه‌ها، مادرم کتایون شیرزاد قد برافراشت.

در لحظه‌های فقدان، آنگاه که سنگینیِ اندوه می‌خواست قامتش را بشکند،

او همچون سرو کهن، ریشه در خاکِ صبر و تاب‌آوری داشت و قد برافراشت.

نه جنگ توانست جانش را برکند،

نه غربت توانست عشقش را خاموش کند.

او خانواده‌اش را از سرزمین‌ها گذر داد،

دلش چون حریمی امن بود، بازوانش پناهگاهی از مهر.

هرگز نپرسید چگونه یا چرا،

اجازه نخواست، در انتظار تأیید کسی نماند.

ذاتش ایستادگی بود، و تنها ایستاد.

خانه را با گام‌هایش ساخت،

آجر به آجر، عشق به عشق.

میراثش همچون شاخه‌های انجیر کهن گسترده شد،

محکم، استوار، و همواره رو به خورشید.

گرچه جهان زمزمه‌ی تردید در گوشش می‌کرد،

جلد دوم

و حتی نزدیک‌ترین کسان پشت به او نمودند،

باز او قد برافراشت.

وقتی دلش سنگین بود، قد برافراشت،

نه برای تحسین، نه برای ستایش،

بلکه چون روح او همین بود: وقارِ ایستادن.

او از گل زندگی، زیبایی آفرید،

رنج را به هنر بدل کرد،

و درمان را در اوراق داستان جانش نوشت.

در خلوت خویش، آرامش را در نغمه‌ی باد یافت،

حکمت را در خش‌خش برگ‌ها،

و نیرو را در سکوت کوهستان.

او در همه حال ایستاد، بی‌هیچ تردید.

نه به اجبار، که به دانایی و یقین درون.

روحش چون سروی بلند بالا رفت،

اعتمادش در خاک ریشه داشت،

و به سوی نور کشیده شد.

او آسمان را لمس کرد،

به خورشید پیوست،

پارسوا

و به تمام آنچه باید می‌بود بدل شد:

روایتی از عشق، استواری، و وقاری شکست‌ناپذیر.

زیرا مادرم کتایون شیرزاد، خود زمین است و آسمان، باران و شیرزن، درخت و ریشه.

نیرومند، استوار، و تا همیشه آزاد.

دخترت پورس شیرزاد

She Stood Tall

My mother, Katayoun Shirzad,

Through storms and shadows, she stood tall.

In the midst of loss, when the weight of grief tried to bend her, She stood tall,

Her roots deep in the soil of resilience.

Not even the winds of war could uproot her spirit.

She carried her family across distant lands,

Her heart a shelter, her arms a refuge.

She didn’t question how or why.

She didn’t ask for permission.

She didn’t wait for anyone’s approval.

She just stood tall.

With every step, she built a home,

Brick by brick, love by love,

Her legacy unfurling like the branches of an ancient fig tree,

Strong, unyielding, reaching toward the sun.

Though the world whispered doubts, and those closest turned their backs (yes, im looking at you) She stood tall.

She stood tall when her heart was heavy.

She stood tall, not for the applause, Not for the praise, But because it was who she was.

She sculpted beauty from the clay of life,

Turned pain into art,

Wrote healing into the pages of her soul's story.

And even in her quiet moments, She found peace in the song of the wind, Wisdom in the rustle of leaves, and strength in the mountain's stillness.

She stood tall through it all, without a second thought.

Not because she had to, but because she knew how,

Her confidence rooted deep in the earth,

Her spirit rising like the tallest cedar,

In her standing tall,

She reached toward the light,

She touched the sky,

She became all she needed to be.

A story of resilience, of love, of unbreakable grace.

For she is the earth, the sky, the rain, the lioness, and the tree

Strong, steady, and forever free. Your daughter,

Puraz Shirzad

جلد دوم

اشعار زیبای کنام شیرزاد

مشت بودا

آیا می‌توانم راز دلم را با خورشید در میان بگذارم؟
با آن خورشیدی که بی‌قرار، بی‌هدف، گرداگرد هستی ما می‌چرخد،
و زمین، قفسی است که ذهن‌ها را در بند نگاه داشته است.
اما اندیشه، جوهری است آزاد،
که از حصار خاک و هوا فراتر می‌رود،
و در آسمان بیکران، خود را می‌آفریند.
اندیشه‌ها به هم می‌پیوندند،
سطر به سطر، صف به صف،
چون بافتی از نور که فراتر از پرتو خورشید می‌تنند.
و آنانی که روزی زندانی زمین بودند،
اکنون پروازکنان، آزادند،
رهایی‌یافته از بندِ جاذبه و غفلت.
آنجا، در افق‌های مینوی،
اندیشه‌ها زلال می‌شوند، شفاف و روشن،
چون رودخانه‌ای که از کوه‌های توهمات سرازیر شده باشد.
دیگر صدای هیچ حواس‌پرتی، آن سوی مرز زمین،
راه بر آنان نمی‌بندد.

۱۵آوریل ۲۰۰۱، کنام شیرزاد (پسرم)

Buddha's Fist

Can I reveal what I feel towards the sun?
Who aimlessly circulates what we have become
A planet holding minds captive
However active
Not realizing our thoughts are in space materializ-
ing

Minds intertwined
Row by row, line by line
Far beyond the range of sunshine
Free are one time prisoners of earth's atmosphere
Thoughts so clearly processed
Once they've escaped the distractions of here

April 15, 2001

جلد دوم

پسر یخ‌زده

می‌لرزم و می‌تپم،
اما تو هیچ گرمایی نمی‌بخشی.
کسی پای در کفش‌های من نخواهد گذاشت
تا یک مایل یخبندان آلاسکا را بپیماید.

بی‌تو، هیچ گرمایی در جانم نیست؛
فصل‌های من بی‌بهار و بی‌تابستان‌اند،
و در دل خورشید هم بی‌لبخندت، سرمایی بی‌پایان می‌وزد.
اشک‌هایم بر گونه یخ زده‌اند.
حلقه‌های آتش می‌رقصند، گویی مویت‌اند.

با خود می‌پرسم:
آیا تو از حرارت می‌سوزی،
آنگاه که من کنارت نیستم؟
ما دو عنصرِ بی‌قراریم،
که بی‌حضور دیگری،
به افراط و انجماد کشیده می‌شویم.

در ساعت‌های طولانی شب‌های تنهایی،
پاداش من جز یخ چیزی نیست.

پارسوا

و آنچه خورشید یخ‌زده می طلبد،
آغوش مادر است—
تا دوباره نفس کشد،
تا دوباره خواستنِ زندگی را تجربه کند.

می‌اندیشم، اگر دیدارها نبود،
آیا از دمایی کاذب می‌مردیم؟
یا شاید ادامه می‌دادیم—
و تنها با سپرِ خاطرات گذشته،
زنده می‌ماندیم؟

کنام شیرزاد (پسرم)
۱۰ مه ۲۰۰۱

Frozen Son

I'm shivering and quivering -
No warmth are you delivering
In my shoes they would-
Not want to walk an Alaskan mile
Without you I feel no warmth -
My season has no summer or spring
It's cold in the sun's belly without your smile

My tears have frozen to my cheek
Rings of fire dancing, are you hair
I wonder do you overheat
When I am not there?

Our elements too extreme with the
Absence of the other
For hours of lonely nights, ice is my pay
What a frozen sun needs is the embrace -
Of his mother
To breathe another day, to want to breathe another day.
I wonder if not for visits would we die of false temperature?
Or, would we continue -
Using as shield the memories of before?

May 10, 2001

کنام شیرزاد (پسرم)

جلد دوم

سخنرانان ویژه و یادبودهای شخصی

چهره‌های فرهنگی و اجتماعی برجسته‌ای در این مراسم به یاد کتایون شیرزاد و تأثیر او در جامعه ایرانیان مهاجر سخن گفتند:

مجید ماهیچی، کارگردان سینما و تلویزیون و دوست دیرینه‌ی کتایون، از نقش او در ادبیات مهاجرت و تأثیر ماندگار نوشته‌هایش بر نسل‌های مختلف سخن گفت. او تأکید کرد که آثار کتایون نه‌تنها به حفظ فرهنگ ایرانی در غربت کمک کرده، بلکه توانسته پلی میان نسل‌های قدیم و جدید بسازد.

شری سلطانی، تهیه‌کننده و مجری تلویزیون، درباره‌ی فعالیت‌های خیریه و حمایتی کتایون صحبت کرد. او به تلاش‌های مستمر کتایون در حمایت از زنان مهاجر، هنرمندان و نویسندگان فارسی‌زبان اشاره کرد.

پانیز پاشا تجربه‌ی خود را از خواندن سفر دل در کوه‌های بریتیش کلمبیا به اشتراک گذاشت و بر ارزش آزادی و احساس تعلق خاطر در غربت تأکید کرد.

دکتر مسعود اسماعیل‌زاده، بانی برنامه‌های فرهنگی و ادبی سخن عشق، بر نقش کتایون در ایجاد فضاهای فرهنگی و ادبی برای مهاجران ایرانی تأکید کرد و از تأثیر او در تقویت هویت ادبی مهاجران فارسی‌زبان سخن گفت. او قطعه شعری با همراهی ساز زیبای دکتر سهند سربیشه‌ای برای حضار خواند.

ایرج سَرشار، شاعر پیشکسوت، در سخنانی به بررسی تأثیر اجتماعی و فکری کانون شیرزاد پرداخت و از او به‌عنوان صدای زنان و مهاجران در ادبیات فارسی یاد کرد. ایشان در ادامهٔ سخنان خود، خانم شیرزاد را به «ضمیران» تشبیه کردند و در این ارتباط، شعری از ملک‌الشعرای بهار را در وصف ایشان خواندند.

این مراسم با قدردانی، همبستگی و احساسی عمیق از احترام به کانون شیرزاد به پایان رسید. خاطرات و نوشته‌های او همچنان الهام‌بخش خواهد بود و راهی را برای نسل‌های آینده روشن خواهد کرد.

ایشان در ادامهٔ سخنان خود، خانم شیرزاد را به «ضمیران» مانند کردند و با خواندن شعری از ملک‌الشعرای بهار، این تشبیه را به زبان شعر درآوردند.

جلد دوم

* ۱ *

ضیمرانی در بن بید معلق جاگرفت
پنجهٔ نازک به خاک افشرد و کم کم پاگرفت
سایهٔ بید معلق هر طرف پیرامنش
پرده پیش پرتو مهر جهان‌آرا گرفت

* ۲ *

شاخ نیلوفر چو کرمی سر ز جا بر کرد و گفت
وای من کز ضعف نتوانم دمی بالا گرفت
تابش خورشید را دید از ورای شاخ و گفت
کاش بتوانستمی یک لحظه جای آنجا گرفت

* ۳ *

گرچه از فیض حضورش جفت حرمانیم لیک
لطف او خواهد همی از دور دست ما گرفت
دید پیرامون خود خاروخسی انبوه و گفت
در میان این رقیبان چون توان مأوا گرفت

* ۴ *

دیو نومیدی ز ناگه سر به گوشش برد و گفت
جهد کم کن کاین جهان مهر از ضعیفان واگرفت
ظلمت نومیدی و ضعف تن و فقدان نور
سرش زیر افکند و لرزان ساقش استرخا گرفت

* ۵ *

روز دیگر تافت بر وی لکه‌ای از آفتاب
و آن تن دل‌مرده را بازو مسیح‌آسا گرفت
یاس را آواره کرد افرشتۀ عشق و امید
قوتی دیگر ز فیض نور جان‌افزا گرفت

* ۶ *

با چنین همت گیاهان را به زیر پا گذاشت
لیک نتوانست از آن حد خویشتن بالا گرفت
با همه ضعف و زبونی سرفرازی کرد و باز
سایۀ بید قوی دستی به زیر پا گرفت

ملک الشعرای بهار

اجرای هنری توسط شیوا شمس

در ادامه، شیوا شمس، با اجرای رقصی الهام‌گرفته از تصوف، روح هنری این مراسم را زنده کرد. اجرای او ترکیبی از رقص‌های فولکلور ایرانی و چرخش‌های سماع بود که نمادی از یگانگی جسم، ذهن و روح را به نمایش گذاشت.

مراسم با رونمایی از تازه‌ترین کتاب کتایون شیرزاد توسط نغمه کشاورز از انتشارات کیدزو کادو ادامه یافت.

سخنان پایانی و دعوت به اقدام

در پایان، مهرداد فرخ‌منش بر این نکته تأکید کرد که تغییرات بزرگ از طریق اقدامات کوچک و مستمر شکل می‌گیرند. او شرکت‌کنندگان را تشویق کرد که راه کتایون را در توانمندسازی، حفظ فرهنگ ایرانی و حمایت از جامعه مهاجران ادامه دهند.
در پایان آیین رونمایی، خانم نغمه کشاورز، ناشر کیدزوکادو، چنین بیان داشتند:

«پس از مطالعه آثار خانم شیرزاد، دریافتم که کتاب‌های ایشان همچون شفادهنده‌ای روحانی‌اند؛ آثاری سرشار از آگاهی که توان جهت‌دهی به انرژی‌های مثبت و سلوک درمانگری معنوی را در خود دارند.»

جلد دوم

در فرجامِ آیین رونمایی، بانو نغمه کشاورز، ناشر گران‌مایهٔ کیدزوکادو، چنین گفتند:

نغمه کشاورز، ناشر کیدزوکادو

جملات منتخب رونمایی

«کتاب‌های خانم شیرزاد، همچون شفادهنده‌ای روحانی، جان را به سوی روشنایی می‌برند.»

«آثار ایشان، پلی میان آگاهی و امیدند؛ واژه‌هایی که انرژی‌های مثبت را به جریان زندگی بازمی‌گردانند.»

«این کتاب‌ها تنها روایت نیستند، که سفری‌اند به ژرفای روح؛ چراغی برای جویندگان حقیقت.»

«هر صفحه، نغمه‌ای است از شفابخشی و هر واژه، دانه‌ای از امید در خاک دل انسان.»

«کتاب‌های خانم شیرزاد، آیینه‌ای هستند برای دیدن خویشتن و دریچه‌ای برای پیوند با معناهای والاتر.»

نغمه کشاورز، ناشر کیدزوکادو

پارسوا

چند دیدگاه از دوستان، مراجعین و یا خوانندگان کتابهای کتایون شیرازد برای شناخت بیشتر نویسنده دراینجا آورده شده است:

شما روان‌شناسی اندیشمند و نویسنده‌ای دغدغه‌مند هستید که مسیر زندگی‌تان با تجربه‌های دشوار و چالش‌های عمیق شکل گرفته است. سختی‌ها نه‌تنها شما را متوقف نکردند، بلکه به منبعی برای آگاهی، رشد و فهم عمیق‌تر انسان تبدیل کردند. باور دارید که رنج، اگر آگاهانه درک شود، می‌تواند به معنا و مسئولیت اجتماعی بدل گردد. شما با تکیه بر دانش روان‌شناسی و تجربه زیسته خود می‌کوشید آثاری خلق کنید که برای فرد و جامعه الهام‌بخش، مفید و اثرگذار باشد. مراجع شما ، اگر صلاح دانستید چاپ کنید.

شما روان‌شناس و نویسنده‌ای هوشمند هستیدکه از دل سختی‌های زندگی، بینشی عمیق نسبت به انسان و جامعه به دست آورده اید. باور دارید آگاهی و مسئولیت‌پذیری می‌توانند رنج را به عاملی برای رشد فردی و اجتماعی تبدیل کنند. نوشته‌هایتان تلاشی است برای مفید بودن، همدلانه فهمیدن و مؤثر زیستن. دوستان دارم.

مریم شمس

تصاویری به یادگار از مراسم بزرگداشت کتایون شیرزاد

کتایون شیرزاد
همراه با همسر و
دخترانش

جلد دوم

کتایون شیرزاد در حال
سخنرانی

کتایون شیرزاد در کنار
دخترانش
پورس و پارسوا

MY JOURNEY
HEART

جلد دوم

پارسوا

صحبت پارسوا و پورس در مورد کتایون
شیرزاد

جلد دوم

مجید ماهیچی: کارگردان سینما و تلویزیون و دوست دیریده کتایون
شری سلطانی: تهیه کننده و مجری تلوزیون

Peter Sammarco – Writer
پیتر سامارکو نویسنده و دوست قدیمی کتایون
شیرزاد

جلد دوم

دکتر مهدی مشکینی، نویسنده استاد دانشگاه و از دوستان
قدمی کتایون شیرزاد

جلد دوم

پارسوا

سپاسداری:

به نام آن‌که اندیشه را به نور و دل را به حضور می خواند.

در مسیر آفرینش و تأمل، دل به یاری دوستان و عزیزانی سپردم که حضورشان الهام‌بخش و انگیزنده بود.

با سپاس و ارج فراوان از برادر عزیزم فریدون شیرزاد، کبریا و دکتر کاووس یدالهی گرامی، که در گستره‌ی گفت‌وگوهای روشن و ژرف، در شکل‌گیری بسیاری از اندیشه‌هایم سهمی درخشان داشتند و مرا به تأملی عمیق‌تر در خویشتن و هستی فراخواندند.

از برزو شیرزاد، برادرزاده‌ی فرهیخته‌ام، سپاسگزارم که با پژوهشی سیستماتیک و هدفمند،و با خلاقیتی پوینده، به بارور شدن این مسیر یاری رساند.

و نیز از جناب اسماعیل یوسفی کبریا، که خود وارث بینشی مشترک و هم‌حسی ژرف در راه ساختارها و الگوهای پژوهشی‌اند، و حضورشان در این راه، مفید و مؤثر بود، با خرسندی یاد می‌کنم. در این مسیر پرواز، نام و یاد این عزیزان، چون نسیمی آرام و روشن، همواره در کنارم خواهد بود.

یاران چو چراغِ شب تارِ من‌اند، هر یک به نگاهی، بهاری در من‌اند.

جلد دوم

سپاسداری:

با نهایت احترام و قدردانی، بدین‌وسیله صمیمانه‌ترین سپاس خود را از دوست مهربان و مدیر دانای انتشارات Kidscado، سرکار خانم نغمه کشاورز عزیز اعلام می‌دارم. تلاش‌های بی‌دریغ، دلسوزانه و حرفه‌ای شما در بهبود کمی و کیفی چاپ کتاب‌هایم نقشی چشمگیر و ماندگار داشته است.

همچنین از تیم پرتلاش و مجموعه‌ی کارکنان انتشارات Kidscado که با دقت، عشق و تعهد، همراه و پشتیبان این مسیر بوده‌اند، صمیمانه سپاسگزارم.

بدون تردید، همدلی و همکاری ارزشمند شما موجب رشد، ارتقا و درخشش مجموعه کتاب‌ها گردیده است.

از لطف، همراهی و محبت همیشگی‌تان صمیمانه سپاسگزارم.

کتایون شیرزاد

کتایون شیرزاد، زادهٔ شیرگاه از دیار سوادکوهِ مازندران، بخش بزرگی از عمر خویش را در افق‌های دور از زادبومِ سپری کرده است. نزدیک به پنجاه سال زیستن در ورای مرزهای ایران، او را به نگاهی چندلایه، عمیق و انسانی نسبت به روان، رنج و رشد انسان رسانده است. وی هم‌اکنون همراه خانواده در شهر ونکوورِ کانادا زندگی می‌کند.

او پس از پایان تحصیلات دانشگاهی در رشتهٔ روان‌شناسی، بیش از دو دهه در حوزه‌های آموزشی و پرورشی با دولت کانادا همکاری داشته و به‌مدت ده سال نیز در تلویزیون استانی بریتیش کلمبیا، در کنار کارشناسان دولتی، در برنامه‌های گوناگون آموزشی و آگاهی‌بخش حضور فعال داشته است. گفت‌وگو با متخصصان، تبیین مسائل روانی و پرداختن به دغدغه‌های انسان معاصر، بخش جدایی‌ناپذیر فعالیت رسانه‌ای او در تلویزیون و رادیوهای ونکوور بوده است.

کتایون شیرزاد علاوه بر سخنرانی‌ها و کارگاه‌های متعدد روان‌شناسی، نویسندهٔ نه کتاب و بیش از سیصد مقاله در حوزهٔ روان‌شناسی و روان‌تحلیل‌گری است که در نشریات هفتگی ونکوور منتشر شده‌اند. هنر نیز برای او زبانی دیگر برای فهم جهان بوده است؛ چنان‌که برگزاری چندین نمایشگاه مجسمه‌سازی، جلوه‌ای از پیوند روان، معنا و خلاقیت در مسیر زیستهٔ اوست.

زندگی برای کتایون مسیری هموار نبود.....

زندگی برای او راهی هموار نبود، اما هر دشواری به درسی ماندگار بدل شد. روان‌شناسی را نه فقط آموخت، بلکه زندگی کرد.

او می‌نویسد، زیرا باور دارد هر رنج، نشانی از راه است و هر آگاهی، نوری از جانب حقیقت. نوشتن برای او تلاشی است برای شنیدن صدای جان، و روان‌شناسی، پلی است میان انسانِ زخمی و معنایی که او را به خویشتن و به هستی نزدیک‌تر می‌کند.

او نویسنده‌ای است که می‌نویسد تا درد را بفهمد، آگاهی را گسترش دهد و سهمی هرچند کوچک در بهبود انسان و جامعه‌اش داشته باشد.

مجموعه کتاب‌های کتایون منتشر شده در دنیا

مجموعه دو جلدی

پویایی در پیوند مهرآمیز

همراه با کتاب صوتی

My Journey of the Heart

همراه با کتاب صوتی

پارسوا

صدای زن ایرانی

همراه با کتاب صوتی

My Stones' Breath

برای تهیه کتاب های چاپی، صوتی و الکترونیکی کتایون شیزاد
در هر جای دنیا کافی است لینک زیر را اسکن کنید.